从新手到高手系列

一本书学会做产品经理
杰出产品经理从入门到精通

王浩鹏 滕尧 主编

化学工业出版社
·北京·

《一本书学会做产品经理——杰出产品经理从入门到精通》是一本在互联网思维下的产品设计和全程运作的管理读本,本书从产品经理的进阶之道入手,分为产品经理岗位认知、新产品开发概述、产品创意、产品定义、产品开发、产品上市、产品推广七个章节,对于如何做一名优秀的产品经理进行了详细的解读。

本书图文并茂,穿插大量的实战案例,内容涵盖了产品经理从岗位到操作的方方面面,实用性很强,可供从事产品设计和全程运作的产品经理、研发经理、项目经理、工程师、设计师、产品体验师、市场研究人员,以及新入职的大中专学生,有志于从事企业管理的人士学习参考。

图书在版编目(CIP)数据

一本书学会做产品经理:杰出产品经理从入门到精通/王浩鹏,滕尧主编. —北京:化学工业出版社,2020.1(2025.1重印)
(从新手到高手系列)
ISBN 978-7-122-35527-0

Ⅰ.①一… Ⅱ.①王…②滕… Ⅲ.①企业管理-产品管理
Ⅳ.①F273.2

中国版本图书馆CIP数据核字(2019)第238306号

责任编辑:陈 蕾　　　　　　　　　　　　装帧设计:尹琳琳
责任校对:刘 颖

出版发行:化学工业出版社(北京市东城区青年湖南街13号　邮政编码100011)
印　　装:北京盛通数码印刷有限公司
710mm×1000mm　1/16　印张13　字数235千字　2025年1月北京第1版第2次印刷

购书咨询:010-64518888　　　　　　　　售后服务:010-64518899
网　　址:http://www.cip.com.cn
凡购买本书,如有缺损质量问题,本社销售中心负责调换。

定　　价:68.00元　　　　　　　　　　　　　版权所有　违者必究

一个企业要想在激烈的竞争中生存,只有通过提升研发人员能力,掌握有效创新方法,建立研发产品创新体系,提升创新管理能力,成功地开发和上市新产品才是企业实现创新绩效、走上可持续发展之路的关键。

作为企业产品开发和新产品创导者的产品经理,常常被神话为潜在CEO(Chief Executive Officer,首席执行官)。产品经理是个复合型人才,需要对产品的全生命周期负责,产品从创意到上市,所有相关的调查、研发、生产、编预算、广告、促销活动等,都由产品经理掌控。

产品经理在新产品开发中的角色因企业而异,但是产品经理至少应该用心了解、摸清市场的潜力,并参与新产品开发团队的运作。产品经理一定要明白为企业带来成功的不是产品本身,而是能创造出该产品的流程。

新产品开发从研究选择适应市场需要的产品开始到产品设计、工艺制造设计,直到投入正常生产的一系列决策过程。在这一阶段,要根据社会调查掌握的市场需求情况以及企业本身条件,充分考虑用户的使用要求和竞争对手的动向,有针对性地提出开发新产品的设想和构思。确认该新品上市切实可行后,就要马上行动,把停留在创意阶段的新产品概念(包括产品本身及产品的包装、广宣品等附属物)变成实物。

产品推广是新产品走向市场,获得消费者和客户认可的第一步,如果没有产品推广的推波助澜,那么新产品也很难有机会接触到消费者和客户,更不会吸引到大量顾客。因此,产品经理要做好新产品的推广工作。

产品开发不只需要产品经理,还涉及企业内部的众多部门,但是,产品经理往往负担起新产品成功的最终责任。

基于此,为了让更多的产品经理、企业管理人员花最少的钱学习到最好的东西,我们编写了《一本书学会做产品经理——杰出产品经理从入门到精通》一书。

本书是一本在互联网思维下的产品设计和全程运作的管理读本,从产品经理的进阶之道入手,分为产品经理岗位认知、新产品开发概述、产品创意、产品定义、产品开发、产品上市、产品推广七个章节,对于如何做一名优秀的产品经理进行了详细的解读。

本书图文并茂,穿插大量的实战案例,内容涵盖了产品经理从岗位到操作的方方面面,实用性很强,可供从事产品设计和全程运作的产品经理、研发经理、项目经理、工程师、设计师、产品体验师、市场研究人员,以及新入职的大中专学生,有志于从事企业管理的人士学习参考。

在本书的编写过程中,由于编者水平有限,加之时间仓促,错误疏漏之处在所难免,敬请读者批评指正。

编　者

目录
Contents

导读　产品经理的进阶之道 1

　　一、具有正确的价值观 1
　　二、具备专业的技能 1
　　三、具有成熟的方法论 3

第1章　产品经理岗位认知 6

　　产品从创意到上市，所有相关的研发、调研、生产、编预算、广告、促销活动等，都由产品经理掌控。产品经理是个复合型人才，人人都可以去学习了解，但不一定都能胜任产品经理。

　第一节　产品经理的起源 7
　　一、产品与产品管理 7
　　二、产品经理的诞生 7
　　三、产品经理的发展 8
　第二节　产品经理的职位描述 9
　　一、产品经理的岗位职责 10
　　　　相关链接　不同阶段产品经理的职责重点 15
　　二、产品经理的任职要求 16
　　　　相关链接　产品经理应具有三种领导力 17
　　　　相关链接　某公司产品经理的素质模型 21
　　三、产品经理的角色定位 22
　第三节　产品经理的工作检视清单 25
　　一、产品规划与市场分析 25
　　二、产品目标及发展战略 27
　　三、产品的试用 28

第2章 新产品开发概述······30

新产品开发是指从研究选择适应市场需要的产品开始到产品设计、工艺制造设计，直到投入正常生产的一系列决策过程。

第一节 新产品开发认知······31
一、什么是新产品······31
二、新产品开发的意义······34
三、新产品开发应考虑的因素······35
四、新产品开发的方式······36

第二节 新产品开发流程······37
一、阶段关口流程······37
二、集成产品开发流程······39
三、互联网产品开发流程······41

第三节 新产品开发战略······45
一、产品开发战略的概念······45
二、制订新产品开发战略······45
　范例　产品创新大纲范例······47
三、制订新产品市场开拓计划书······50
　范例　××产品市场开拓计划书······51
四、制作新产品开发企划方案······53
　范例　产品开发企划方案······53

第3章 产品创意······58

新产品开发是一种创新活动，产品创意是开发新产品的关键。在这一阶段，要根据社会调查掌握的市场需求情况以及企业本身条件，充分考虑用户的使用要求和竞争对手的动向，有针对性地提出开发新产品的设想和构思。

第一节 市场调研······59
一、什么是市场调研······59

二、市场调研的目的 ·· 59
　　三、市场调研的步骤 ·· 60
　　四、市场调研的方法 ·· 62
　　　　相关链接　格力新产品开发调研问卷 ································ 64

第二节　产品构思 ·· 66
　　一、产品构思的来源 ·· 66
　　二、产品构思的过程 ·· 69
　　三、产品构思的方法 ·· 70

第三节　构思筛选 ·· 79
　　一、筛选的目的 ·· 80
　　二、筛选的原则 ·· 80
　　三、筛选工作程序 ··· 81
　　四、常用的评分模型 ·· 82

第四节　新产品概念的形成与测试 ··· 87
　　一、什么是新产品概念 ··· 87
　　二、新产品概念的组成 ··· 87
　　三、新产品概念形成过程 ·· 88
　　四、新产品概念测试的目的 ··· 89
　　五、新产品概念测试的内容 ··· 90
　　六、新产品概念测试的类型 ··· 91
　　七、概念筛选测试 ··· 92
　　八、概念吸引力测试 ·· 94
　　　　范例　概念吸引力测试分析范例 ·· 96
　　九、产品样板测试 ··· 103

第4章　产品定义 ·· 105

发现了潜在的市场机会，初步确定了产品概念，接下来把这一产品概念落实到具体上市行为之前一定要做严格的可行性评估。

第一节　市场分析 ·· 106
　　一、获取行业分析报告 ··· 106
　　二、PESTLE分析法 ··· 106
　　三、SWOT分析法 ··· 108

　　　　范例　Best Product 的 PESTLE 分析与 SWOT 分析 …………… 108
　　第二节　产品分析 ………………………………………………………… 110
　　　　一、用户分析 …………………………………………………………… 110
　　　　二、需求分析 …………………………………………………………… 111
　　　　　　相关链接　BRD——商业需求文档 ……………………………… 114
　　　　三、场景分析 …………………………………………………………… 116
　　第三节　产品定位 ………………………………………………………… 118
　　　　一、产品定位的核心 …………………………………………………… 118
　　　　二、产品定位包括的内容 ……………………………………………… 118
　　　　三、产品定位的方法 …………………………………………………… 120
　　第四节　商业分析 ………………………………………………………… 124
　　　　一、销售量分析 ………………………………………………………… 124
　　　　二、成本和利润分析 …………………………………………………… 124
　　　　三、产品商业化分析报告 ……………………………………………… 125

第5章　产品开发 ……………………………………………………… 127

　　确认该新品上市切实可行后，就要马上行动，把停留在创意阶段的新产品概念（包括产品本身及产品的包装、广宣品等附属物）变成实物。

　　第一节　产品设计 ………………………………………………………… 128
　　　　一、产品设计的程序 …………………………………………………… 128
　　　　二、产品设计的原则 …………………………………………………… 129
　　　　三、产品的功能设计 …………………………………………………… 130
　　　　四、产品的可生产性设计 ……………………………………………… 131
　　　　五、产品的包装设计 …………………………………………………… 132
　　第二节　产品试制 ………………………………………………………… 135
　　　　一、产品试制的目的 …………………………………………………… 135
　　　　二、产品试制的阶段 …………………………………………………… 135
　　　　三、产品试制中的质量管控 …………………………………………… 136
　　　　四、产品试制后的定型投产 …………………………………………… 138
　　　　　　相关链接　××公司产品定型投产规定 ………………………… 138

第三节　产品测试 ·· 139
一、产品品名测试 ·· 139
二、产品价格测试 ·· 140
三、产品包装测试 ·· 144

第6章　产品上市 ·· 147

经过前面充足的准备，产品已经定型，新产品终于走上市场。接下来要做的就是对该产品如何上市销售的策划和准备过程。

第一节　新产品市场测试 ·· 148
一、新产品市场测试的好处 ·· 148
二、市场测试前须考虑的因素 ·· 148
三、消费品市场测试 ·· 149
四、工业品市场测试 ·· 152
五、互联网产品用户测试 ·· 153

第二节　上市全方位评估 ·· 154
一、自身的产品评估 ·· 154
二、对市场进行客观评估 ·· 155
三、对经销商进行评估 ·· 156
四、对营销团队进行评估 ·· 157

第三节　制订新产品上市计划 ·· 158
一、确认是否将产品商品化 ·· 158
二、制订新产品上市计划表 ·· 159
三、制订新产品营销计划 ·· 160
　　范例　新产品营销计划模板 ·· 160
四、设定渠道目标 ·· 162
五、编制分销合同 ·· 162

第四节　上市计划的执行与控制 ·· 163
一、召开上市发布会 ·· 163
　　相关链接　如何举办新品发布会 ·· 164
二、做好内部培训 ·· 167
三、激励经销商及零售商 ·· 168
四、让用户接受 ·· 170

五、早期绩效追踪 ………………………………………… 170
第五节　上市后追踪与市场评估 …………………………………… 171
　　一、上市后的早期追踪修正 …………………………… 171
　　二、上市后的市场反馈与评估 ………………………… 173

第7章　产品推广 …………………………………………………… 175

　　产品推广是新产品走向市场，获得消费者和客户认可的第一步，如果没有产品推广的推波助澜，那么新产品也很难有机会接触到消费者和客户，更不会吸引到大量顾客。因此，产品经理要做好新产品的推广工作。

第一节　产品推广的两大思维 ……………………………………… 176
　　一、传统产品的推广思维 ……………………………… 176
　　二、互联网产品的推广思维 …………………………… 177
　　　　相关链接　互联网的八大思维模式 ……………… 179
第二节　产品推广的三大渠道 ……………………………………… 180
　　一、网站推广 …………………………………………… 180
　　二、自媒体推广 ………………………………………… 181
　　三、第三方载体推广 …………………………………… 183
第三节　产品推广的四大阶段 ……………………………………… 185
　　一、预热期 ……………………………………………… 186
　　二、炒作期 ……………………………………………… 187
　　三、上市期 ……………………………………………… 188
　　四、销售期 ……………………………………………… 189
第四节　产品推广的五大要点 ……………………………………… 190
　　一、做好上市前的准备工作 …………………………… 190
　　二、加大产品宣传力度 ………………………………… 191
　　三、多种营销方式并进 ………………………………… 192
　　四、确保铺市的有效性 ………………………………… 193
　　五、完善市场运作机制 ………………………………… 195

参考文献 ……………………………………………………………… 198

导读　产品经理的进阶之道

1927年，美国宝洁公司出现了第一名产品经理（Product Manager），从那以后，在越来越多的行业中，"产品经理"这个职位都得到了推广和应用。

产品经理看似没有什么门槛却又熠熠生辉，但实际上是综合要求极高的职业，想要成为一名合格的产品经理，不仅需要自身不断的磨砺，同时也需要环境与机遇的塑造。在这里，我们认为产品经理的进阶之道包含三个层次：具有正确的价值观、具备专业的技能、具有成熟的方法论。

一、具有正确的价值观

责任心和主导意识是产品经理对于职业的核心价值观。价值观是贯穿整个职业生涯的修行，就初级的产品助理/产品专员/产品经理而言，最重要的是对于工作与产品的责任心，更准确地说应该是一种对于产品的所有者意识。

产品经理常常被神话为潜在CEO（Chief Executive Officer，首席执行官），也常常被吐槽为全能背锅侠，就是由于产品经理需要对产品的全生命周期负责，没有责任心与所有者意识，根本无法完成繁杂的工作进而成为一个合格的产品经理，反而很容易沦为一个需求分析师或原型绘制者这样尴尬的角色。

> **一点通**
>
> 一个正确的职业价值观可以说是做好产品经理最基本也是最恒久的要求。

二、具备专业的技能

专业技能包括产品设计能力和项目管理能力以及其所囊括的各类职业技能。

对于产品经理来说，这种专业技能应与时俱进，新的技能需要被引入，老的技能需要被更替。

对于入门到中阶的产品经理，所负责的功能模块日渐复杂，为了更好地完成工作就需要不断学习相关的职业技能。

产品经理需要的技能相当繁杂，大致可以分为导图-1所示的两类，这两大类能力下又可以衍生出非常多的次级技能。

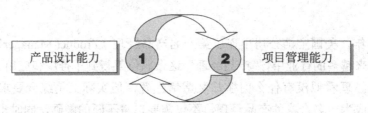

导图-1　产品经理需要的两大技能

1.产品设计能力

产品设计能力包含了商业分析能力、需求管理能力、业务架构能力、体验设计能力、技术理解能力、数据分析能力等，这些都是围绕做出一款好产品本身所衍生出的能力要求，基本贯穿了产品生命全周期。

2.项目管理能力

产品经理的另一类主要技能是项目管理能力，任何好的产品都离不开其背后的优秀团队。

作为一个产品线的核心岗位，产品经理事实上是没有任何赋权的，因此要凝聚团队共识，具体要求如导图-2所示。

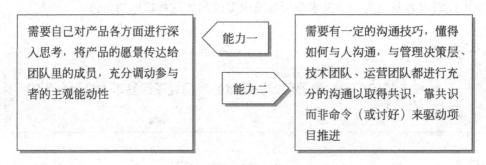

导图-2　产品经理应有的项目管理能力

在项目上线后，产品经理需要与运营团队、市场团队、数据团队保持密切沟通，以确保最初赋予产品的商业逻辑得以恰当验证，并通过市场反馈进行产品迭代。要知道，产品是演化而来，而非规划而来，是基于用户体验与反馈而来的意义。

一个优秀的产品经理必然拥有优秀的项目管理能力，优秀的项目管理能力能够确保产品设计落地不延时、不走样，同时打通产品业务线上下游团队，使产品更新迭代的过程更为高效和顺畅。

三、具有成熟的方法论

方法论是基于对人性的理解与思考所形成的一套完整的产品观及实践方法，这是随着时间逐渐打磨逐渐建立的。

对于中阶以上的产品经理，职业技能日趋娴熟，培养自身的产品思维便成了工作实践中的重点，一个成功的产品经理都会有一套成熟的产品观和方法论，这套系统的思想正是来源于工作实践中不断的参悟和打磨。产品经理的新三观具体如导图-3所示。

导图-3　产品经理的新三观

1. 数据观

产品经理要重视数据，根据数据做决策，用数据说话。靠谱的产品经理，不能随便拍脑袋想做什么就做什么,而是要以用户价值为中心,学会利用数据来侧面验证产品需求是否靠谱。数据应该贯穿产品需求从无到有的完整的一个生命周期。

2. 格局观

产品经理要学会站在公司角度,从战略层面去考虑问题,去定义产品形态和明确用户核心需求。

在这个较高层级,产品嗅觉和需求捕捉是产品经理的核心能力,需求的准确捕捉来自对目标用户群体深刻的理解,这里的目标用户可以抽象为人、企业、团体等。而对于目标用户深刻的理解则来自长期的行业经验或深入的行业调研(后者为次)。高级的产品经理必然是一个行业专家,对于一个行业(或用户群体)有着深刻的理解和认识。

捕捉需求后需要对目标用户的需求进行抽象,从而形成产品的需求,并通过对应的场景化功能来满足。好的产品是自带场景的,是简单明了的,是富有特色的。

在此以KANO模型来说明产品需求与用户反应的潜在关系,如导图-4所示。

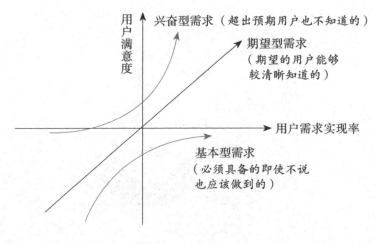

导图-4 KANO模型

基本型需求必须满足,期望型需求要清晰明了,兴奋型需求是引爆的关键。而这种兴奋型需求是属于微创新还是破坏式创新则是基于对目标用户理解的另一个值得思考的问题。

有格局观的产品经理,能很好地做好商业目标和用户目标的平衡,让产品既可以持续盈利赚钱,又可以为用户创造价值。

3. 细节观

当一个行业里出现了很多同质化的产品,并且这些产品的资源供给相当,同样的需求可以在多个产品满足的时候,决定谁能笑到最后的,就是体验上的细节,所以,产品经理的新三观里,必须要有细节观。

第1章

产品经理岗位认知

导言：

产品从创意到上市，所有相关的研发、调研、生产、编预算、广告、促销活动等，都由产品经理掌控。产品经理是个复合型人才，人人都可以去学习了解，但不一定都能胜任产品经理。

第一节 产品经理的起源

一、产品与产品管理

1. 什么是产品

产品充斥在我们生活中的方方面面。比如，鞋子、手机、房子、QQ、微博、360安全卫士……这些都是我们常见的一些产品。具体来说，产品就是满足用户需求，被使用和消费的任何东西，包括有形的物品和无形的服务。

产品具有图1-1所示的三大特征。

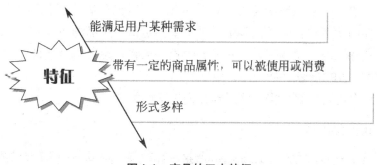

图1-1　产品的三大特征

2. 什么是产品管理

产品管理是对产品、产品线和产品组合的整个生命周期的整体性业务管理，其目的是达到价值最大化。管理产品类似于在大型企业中管理小型企业。有时一个公司有一个产品，有时则有多个。

产品管理的核心是商业组织的模型。这个模型包括产品的研发、创新、战略制定、计划、开发、导入、管理和市场营销。本质上说，产品管理将整个企业及其业务职能进行了翻天覆地的改变。

二、产品经理的诞生

1927年，宝洁公司研发并开始销售佳美牌香皂，尽管各个环节都非常努力，也投入了大量的广告费用,但销售业绩一直不理想。负责销售工作的麦克爱尔洛埃通过研究发现,由几个人负责同类产品的各个环节,不仅造成人力与广告费用的浪费,更重要的是各个环节都容易脱节,造成顾此失彼的现象。于是,他在年会上向公司的最高领导提出:如果公司将所有的时间精力只放在香皂上面,那么香皂就永远得不到充分发掘。同时,他提出了"Brand man(品牌人)"的概念,并提出品牌人都应该得到一个专门的销售小组的协助,而每一个宝洁品牌都应该被作为一个单独的项目去经营,与其他品牌同时竞争。从此,宝洁公司建立了产品管理体系,麦克爱尔洛埃也成为第一位产品经理。

由此可见,产品经理是为了适应公司的发展需求而产生的。当原有职能部门的组织结构满足不了公司的发展需求时,产品管理的矩阵型组织出现了。

三、产品经理的发展

通俗地讲,产品经理就是"产品"的管家,对产品从"出生"到"终结"整个生命周期的所有事项负责,其中,最重要的是保证产品的最大利润。这个产品可以是真实存在的,比如服装、沙发、手机等实物,也可以是虚拟的产品,比如游戏、网站、APP等软件或应用。

根据这个思路,我们将产品经理分为以下两类。

1. 传统产品经理

在这里,我们认为产品经理是指企业中针对某一项或某一类产品进行规划和管理的人员,主要负责产品的研发、制造、营销渠道开发等工作。产品经理是企业的守门员、品牌塑造者,更是营销骨干。产品经理是依据公司产品战略,对某个(线)产品(服务、品牌)负责的企业管理人员。在产品从创意构思到上市的过程中,所有相关的研发、调研、生产、预算、广告、促销等活动都由产品经理掌控,产品经理的位置如图1-2所示。

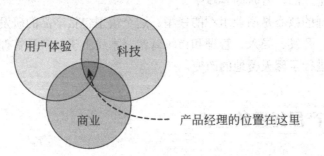

图1-2　产品经理的位置

产品经理的出现塑造了一个灵魂性的人物，他统筹、管理有关产品的一切事情，提升了产品团队的凝聚力，增强了产品的竞争力；他鼓励创新，重视用户，因此，产品经理在组织中已经成了不可或缺的角色。当然，企业并不是必须设产品经理一职，但是产品经理能够给企业带来许多可预见的和不可预见的有利影响。本书中，我们将着重介绍传统产品经理的相关内容。

2. 互联网产品经理

互联网时代的到来，国内多家领先企业相继采用产品经理管理模式，"短频快"及需要个人创造力的行业特点，使得"产品经理"这个角色非常符合时代需求，而现在"产品经理"也已经成为互联网企业的标配。

3. 传统产品经理与互联网产品经理的区别

产品经理的发展，从传统行业中来，并且在互联网行业得到了发展。那么，传统产品经理和互联网产品经理有什么区别呢？如表1-1所示。

表1-1　传统产品经理与互联网产品经理的区别

项目	传统产品经理	互联网产品经理
产品形态	实物	虚拟
产品市场	成熟、模式固定	新兴、变化快
产品生命周期	长	短
商业模式	销售	多元
运营模式	广告	免费

从表1-1可以看出，传统产品经理所做的产品，其产品形态是实物的产品，产品的市场比较成熟，而且模式比较固定，生命周期较长，其商业模式主要是销售，主要的运营则是广告，通过广告来推广产品，从而将产品销售出去。

互联网产品经理所做的产品主要形态为虚拟的产品，互联网的市场变化非常快，互联网产品的生命周期相对较短，而产品的不断迭代也是为了不断通过改变和完善，进而延长产品的生命周期。

第二节　产品经理的职位描述

想要了解产品经理的职位描述，先来看看图1-3所示的两则招聘启事。

产品经理 10000-20000元/月

工作职责

1. 负责智能家居相关产品的市场分析竞品分析及场景分析，以及相关的功能设计和规划，完成从0到1的过程；
2. 完成产品相关项目和工作的推进，包括协调内部相关部门资源，外部方案商寻源，并落实和跟进项目实施；
3. 负责根据各类需求和产品上市后的数据跟踪，用户反馈等进行产品改进，并由此提出智能家居产品发展计划；
4. 深度挖掘行业的方向和价值，对业务进行合理的分析并做出优先级的判断，为业务提供具有价值的产品；
5. 对所负责产品全生命周期、投入产出、市场表现完全负责。

任职要求

1. 本科及以上学历，3年以上智能家居/智能硬件产品项目经验，包括市场分析、产品规划、产品设计、项目管理等相关经验；
2. 良好的需求设计、捕获、分析与管理能力，能输出高质量的业务需求及产品需求文档；
3. 熟悉产品研发流程，能够很好推动产品开发、测试、验收和发布，确保产品质量和项目进度；
4. 有卓越的执行力，能承受一定的压力，敬业负责，工作积极主动；
5. 具备ODM资源者优先考虑。

产品经理 9000-15000元/月

岗位职责：

1. 进行市场调查，制定新产品规划，确定产品方案；
2. 主导介入新产品开发进度，负责与相关部门进行联络与协调；
3. 跟踪新产品上市的体验建议及反馈，及时改进产品；
4. 带领产品工程师完成新产品的上市；
5. 产品资料审核；
6. 指导新产品培训。

岗位要求：

1. 大专以上学历，至少3年以上从事手机通信产品/GPS定位终端产品/或智能硬件产品规划工作经验；
2. 有GPS定位类产品的经验优先；
3. 对产品有独到的见解与认识，追求良好的用户体验；
4. 对工作充满激情，具有创新精神，有责任心，能承受工作压力。

图1-3 招聘启事截图

看了前面两则招聘启事，你会发现，在不同公司对产品经理的职责定义是不相同的，招聘信息上写的岗位要求也有所差异。之所以出现这种状况，是因为在不同规模、不同领域的公司，产品经理的角色和职责互有差异，每个公司对这个职位的定义都有不同。

一、产品经理的岗位职责

产品经理的全部职责包括促使企业的不同部门融合成一个战略上的整体，预测且迎合市场需求,并根据不断变化的市场需求优化产品,将其推向目标市场,实现产品价值的最大化。

产品经理不仅要管理产品,还要管理项目和流程,其具体职责表现在以下方面。

1. 产品规划

比如,老板计划公司在3年内要上市,那就需要一些能推动公司上市的产品。产品经理应明白,这个产品的战略目标是推动上市。因此,产品经理就需要根据这个目标,规划产品在不同时间、不同阶段应该如何做才能推动公司上市。

产品经理需要考虑将产品带入哪个方向、哪个领域,才能获得推动上市的资本。比如目标市场是什么,目标用户是什么,盈利模式是什么……

> 要做好这件事情,产品经理必须了解市场,了解竞争对手,有精明的商业头脑。

2. 产品定义和设计

产品的定义及设计,是指确定产品的整体定位及框架、产品使用流程,以及产品每个功能的细节设计等。具体来说,会包含图1-4所示的一系列工作。

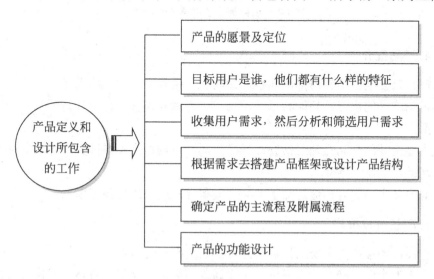

图1-4 产品定义和设计所包含的工作

一点通

好的产品设计，不仅能表现出产品功能上的优越性，而且便于制造，生产成本低，从而使产品的综合竞争力得以增强。

3. 项目管理

在产品的定义及设计工作完成之后，就开始进入到项目管理的工作中来了，这时候的产品经理，需要带领来自团队内的不同成员（包括设计师、工程师、品管、运营、市场、销售、客服等），在一定的时间及资源预算内，按时开发并发布产品。一般包括图1-5所示的工作内容。

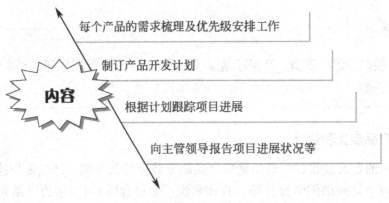

图1-5 项目管理的主要工作内容

4. 产品宣介

产品宣介既包括和内部的同事，如老板、销售人员、市场人员、客服人员等一起讨论产品的优点、功能和目标市场，也包括向媒体、行业分析师及用户等宣传产品。

大型企业的产品经理通常会在产品市场、市场推广和媒体关系等团队的协助下对产品进行对外宣介。

对产品经理而言，这是除了产品定义和设计之外的重要工作。

5. 产品市场推广

产品市场推广的主要工作是对外传播有关产品的信息。

在大型企业，产品的市场推广工作通常不会由产品经理负责，而由专门的市场经理打理。当然，这种分工的缺点是沟通效率较低，并会削弱推广的作用。

在有些企业中，由一个人承担产品管理与市场推广的职责；而也有一些企业会把产品管理团队和产品市场团队分开，让产品管理团队负责市场推广的工作，或者承担部分市场调研、产品宣介和产品生命周期管理的工作。

6. 产品生命周期管理

产品生命周期管理是以最终产品及管理结果为导向，通过对整个产品生命周期中各个环节进行管理，最终达到产品经营目标的过程，包括需求分析、产品定义、产品设计、产品经营管理等环节。产品生命周期管理中的具体工作内容如图1-6所示。

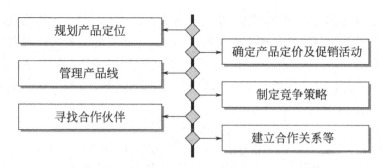

图1-6　产品生命周期管理的具体工作内容

产品生命周期一般分为五个阶段，具体如下。

（1）概念化阶段。这个阶段主要是提出一些产品概念、市场需求，对产品而言，也仅仅是一些描述而缺乏具体的量化指标。这个阶段是产品生命周期的基础，只有积累一定量的需求，才能为产品经理的具体工作提供依据。

在这个阶段中，产品经理主要是负责提出概念和进行概念表述，描绘一个产品的轮廓，让相关部门和高层接受这个概念，得到支持和资源分配。此阶段可以分为图1-7所示的两个节点。

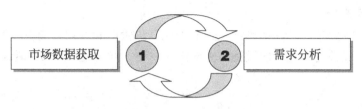

图1-7　产品概念化阶段的工作节点

（2）产品化阶段。这个阶段主要是对概念进行图纸化和量化，设定产品指标，形成可设计的功能和产品原型，并且通过公司认可，纳入公司产品开发计划中。在这个阶段中，产品经理主要是负责对产品进行量化的工作，量化的内容应该包括产品功能、产品模型、开发进度、所需资源。此阶段可以分为图1-8所示的三个节点。

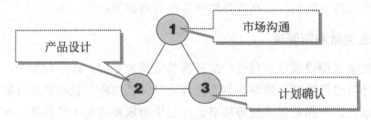

图1-8　产品化阶段的工作节点

（3）技术化阶段。这个阶段主要是把图纸化的产品原型进行物理化，依据产品设计文档开发出具有实际操作价值的实物（这里的实物是指可以实现具体功能的物理载体）。在这个阶段中，主要依靠研发生产部门进行，产品经理的职责就是协调各种资源，全力保障技术化阶段能够按照产品开发计划进行。此阶段可以分为图1-9所示的两个节点。

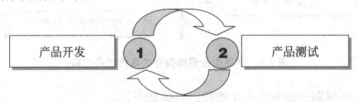

图1-9　技术化阶段的工作节点

（4）商品化阶段。这个阶段主要是把交付的产品形成具有销售价值的商品，就是对该产品进行商业化包装，这个包括内涵商业化和外延商业化两个部分。

① 内涵商业化是指对产品本身进行的商业化过程，比如产品说明书、销售手册、包装元素等。

② 外延商业化是指促进商品销售的元素确定过程，比如媒体准备、软文准备、渠道准备等。

在这个阶段中，产品经理的主要职责就是负责内涵商业化的整体过程，协助销售部门完成外延商业化的过程，完成产品发布。此阶段可以分为图1-10所示的两个节点。

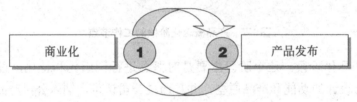

图1-10　商品化阶段的工作节点

（5）市场化阶段。这个阶段主要就是跟踪产品发布后的销售进度，积极推动销售部门完成销售任务，并随时了解销售反馈，进行记录，调整产品在一个产品年度的策略，并对产品的下一步发展提供依据。在这个阶段中，产品经理的主要职责就是和销售部门进行沟通，协助解决销售过程中遇到的产品问题。此阶段可以分为图1-11所示的两个节点。

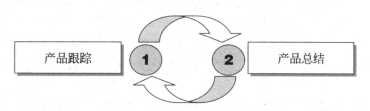

图1-11　市场化阶段的工作节点

相关链接　　　不同阶段产品经理的职责重点

产品经理也是分阶段的，不同能力和等级的产品经理，对岗位职责的关注重点也不一样。

1. 新手阶段

新手阶段的头衔大部分叫产品专员、产品策划、产品助理。

这一阶段的人，其实关注推动产品目标实现的多一些。在大公司，往往会有一个高级的产品经理带上几个新手，这些新手就类似于助理，主要帮助导师写写文档，与开发设计沟通，收集材料，观察数据，收集反馈和效果等，通过这样的形式来培养产品感觉。

对于很多新手来说，不可能一开始就对需求有很好的感觉和把控能力，也更别提产品战略了。因为他们与其他部门和资源的人打交道多一些，所以会需要了解交互，了解设计，了解一些开发的内容，但这些都是为了更好地传递与沟通，推动大家一起把事情做成的手段。

2. 熟手阶段

熟手阶段的头衔通常就是产品经理。

这一阶段的产品经理最大的特点就是，对需求拥有一定的决策权，关注的是需求的挖掘和分析方面。熟手的产品经理是要决定什么要做、什么不做，要经常思考用户喜欢什么，什么有好的盈利空间，而不光是想，还要拿出强有力的说服力，去说服老板，说服其他部门的领导给予资源。熟手们有一定经验和感觉，有很好的逻辑思维和沟通技能，还具备一定的领导力，现在大部分产品经理就处在这个阶段。

3. 老大阶段

老大阶段的头衔可能是高级产品经理、产品总监或CEO。

老大阶段就是关注产品战略和规划，在小公司可能老大就是老板，老板就是最大的产品经理。但是在一些大公司，那么多产品老板是不可能一一关注到的，所以都是分化给产品总监来带领一个产品。进入老大阶段，就是对这个产品有了很大的权力，当然责任也非常之大。产品的方方面面都需要关注和处理，但是最重要的还是将产品引导至正确的方向，是这个产品的掌舵人。

老大阶段就是管理者，有自己的团队，很多东西都是下放交给大家去完成，当然老大要领导好团队。做到这一点，不但要求老大有能力和经验，机遇和手段也很重要。

很多公司也许不会分得这么细，只有一个等级的产品经理。但是你也应该知道，你所拥有的能力强弱决定了你能做好其中哪一阶段的职责，不断地让自己学习和提升，从而争取到更多对产品的主导权，这是所有产品经理都期望努力的方向。

二、产品经理的任职要求

产品经理要扮演许多不同的角色，担负的任务也与直接的部门经理不一样，所以其岗位要求也与一般的直接部门经理不一样。一般而言，要胜任产品经理这个岗位，需具备以下条件。

1. 产品知识要求

产品经理对产品的了解应该比公司里的任何人都深入。

你对产品化学成分的了解不会高于研发人员，对某地区的销售状况也不比地区业务经理清楚，对产品成本的认知也低于采购人员。但是你对产品化学成分的了解必须高于采购人员，对产品成本的认知也要比地区业务经理或研发人员清楚，对某地区销售状况的了解也应高于研发人员。而且，你最好比上司更了解你的产品，因为你的知识随时会被检测。商业间的对话以事实为基础，所以你必须拥有事实根据。

2. 具备领导力

成功的产品经理是优秀的领导者。通常，产品经理需要参与多个领域的工作,包括领导项目团队、绘制产品战略蓝图以及组织跨团队的产品活动等。在大多数情况下,产品经理没有公司正式的"领导"授权,此时,具有无授权的领导能力就成为产品经理成功的关键。

具备领导力的人应具备行动力和感染力,不仅能通过自己的表率作用把周围的人调动起来,而且能让这种状态持续下去。

苹果公司创始人乔布斯就是一位具有领导力的人,他能够让自己投入所从事的事业,做出一番成绩,并且通过自身的感染力让更多人参与这项事业。无论是他的合作伙伴还是他的用户,都为苹果公司的产品感到自豪,因为大家都相信自己所做的产品或所在的公司是世界上最棒的。

产品经理要想做出好的产品,就要成为产品领导者。产品领导者不仅要把握产品的发展方向,而且能团结身边的人让他们一起参与这项事业。这种团结力或向心力能调动人的积极性,同时也能激发人的创造力。要成为产品领导者,产品经理需要磨炼自己的思想和行为,同时要通过长期的实践积累经验以提升个人能力。

相关链接　　产品经理应具有三种领导力

产品经理需要具备的领导力主要有3种,分别是思想领导力、行为领导力和团队领导力。

1. 思想领导力

成为产品领导者首先需要具备思想领导力。所谓思想领导力,就是能在思想层面聚焦观点,如确定产品的核心定位。

"微信是一种生活方式"就是一种聚焦的观点。提出这一观点并让产品围绕这个核心观点发展,这样做出来的产品才真正有灵魂,否则很容易成为"四不像"产品。

具备思想领导力是产品经理最重要的素质要求。思想领导力解决的问题包括让周围的人明白要做什么和不做什么。因为人们对产品功能的理解千差万别,而统一这些差异的最好方式就是聚焦思维,从众多的观点中确定一个核心的观点。

如何具备思想领导力呢?以下两点非常重要。

(1)对产品所在行业的背景以及行业规则有深刻的理解。任何一种产品都不能解决所有的问题,它们都只能在某个细分领域解决一个特定的问题。产品经理需要对所在行业具备深刻的洞察力,能洞察需求本质,直指用户痛点。产品经理可以通过研究行业规则、接触用户、深入一线场景等方式获取洞察力。随着对某一行业经验的积累，产品经理对某一行业的认识会逐渐从表面深入到核心，在这个过程中逐渐积累起来的就是洞察力。

（2）对产品方向和原则有好的把控，能清醒地判断什么是符合商业战略和产品战略的产品，做到有所为、有所不为。

通常，贪多求全的做法会让一个产品失去灵魂，而优秀的产品经理会把握这个度，控制产品的发展路线，在恰当的时候做恰当的事。面对破坏产品原则的事情，产品经理能有清晰的认识，能在经受公司高层或者其他方压力的情况下坚持产品原则，并且能在不破坏产品方向和原则的前提下提出新方案。

2. 行为领导力

行为领导力是一种行动能力。行动意味着顺应变化、快速执行。产品时刻面临市场环境和用户习惯的变化带来的挑战，这就要求产品经理能对这种变化做出响应。如果应对变化的解决方案超出了产品的核心范畴，那就有可能会让产品偏离设计初衷。对产品功能进行优化和调整时，一定要基于产品的核心定位展开，脱离核心定位空泛地谈论功能是不切实际的。

行为领导力还体现在号召力上，产品经理在面对变化时要能号召身边的团队成员一起参与到变化中，让团队成员在变化中找到目标并有成就感。

（1）行为领导力的本质。行为领导力的本质是带头冲锋，即当组织面对变化和挑战时，产品经理能采取行动，带领产品和团队快速突破。产品经理要有非常强的执行力，因为在面对复杂的市场竞争环境时，只有快速行动才能时刻应对挑战，从而引领产品向前发展。

（2）行为领导力的体现。行为领导力体现在行动上，包括但不限于对产品问题快速做出反应，认真处理用户反馈，对产品每个细节都精雕细琢。每个优化产品都体现着行为领导力，这些行为日积月累就会成为产品经理行为领导力的一部分，从而促使其成为优秀的产品经理。

（3）获取行为领导力的方式。获取行为领导力的方式非常简单，那就是主动加勤奋，具体如下。

① 主动。主要表现在对一切产品问题的关注，大到一个功能流程，小到一个产品文案，并且能快速提出解决方案。有拖延症是形成不了行为领导力的，行为领导力重在快速行动，哪怕方案不是最好的，只要能推动产品向前发展，都是在施展行为领导力。

② 勤奋。主要体现在产品经理的日常工作中。勤奋的产品经理从来不满足于现状，他们总能找到新的方案去替代老方案，他们总在寻找更好的方式去优化产品。这种勤奋的动力会形成内驱力，用内驱力做事会激发产品经理

的创造力，从而促使其创造出优秀的产品。

3.团队领导力

在产品经理这个头衔里，虽然有"经理"的称呼，但实际上无法通过行政命令要求团队成员做事，也无法行使奖惩措施。虽然产品总监型的产品经理具有这样的权力，但一般的产品经理通常没有这样的行政权力。产品经理要想驱动并带领团队完成产品任务，就需要施展团队领导力。

团队领导力不是通过命令或者安排的方式让团队跟随产品经理做事，而是通过使命、愿景以及共同的认可驱动团队。这是一种比行政命令更复杂的方式，也是最有效的方式。因为行政命令让人被动工作，而使命、愿景会驱使人主动采取行动。

在团队中，每个人对产品的诉求和理解都是有差异的，产品经理要做的就是了解其中的差异并统一团队成员的期望，在期望达成一致后树立共同的目标，然后调动团队成员积极地朝着共同目标努力。

在这个过程中，产品经理需要关注每位团队成员的状态，及时提供帮助和支持。产品经理作为方向指引人，需要为团队成员排除一切障碍，起到带头冲锋的作用，同时做好后勤保障工作。随着时间的推移，团队成员就会对产品经理产生信任感，这种信任是驱动团队的最佳动力，也是产品经理积累团队领导力的前提。

3.具备沟通能力

在需求的发现、挖掘到产品开发、上线的漫长过程中，光靠产品经理的一己之力肯定是远远不够的。在此过程中，产品经理需要与设计师、运营人员沟通，以达成共识，从而调动他们的积极性，保证产品按时完工、上线。因此，产品经理要具备极强的沟通能力。

产品经理的沟通能力体现在和不同工作岗位的人进行有效沟通上，具体体现在图1-12所示两个方面。

体现一	和不同性格的人沟通。人的性格各不相同，有的人内向，有的人外向，产品经理需要与这些性格不同的人进行有效沟通
体现二	和不同工作岗位的人沟通时采用不同的语言。进行高效沟通，重要的一点是使用沟通对象能够理解的语言

图1-12 沟通能力的体现

比如，在和市场人员、工程师沟通时，要采用不同的沟通方式：与市场人员沟通时不要使用太多诸如数据库性能、内存管理算法之类的词汇，否则会让他们难以理解；而与工程师的谈话内容过于抽象，将使他们难以把握设计细节的处理。同样，在同老板沟通时，则应该聚焦在较高的层面上，避免过于深入细枝末节。

4. 具备学习能力

现今，新技术不断涌现，产品换代很快，所以优秀的产品经理必须不断学习，即便是在比较新的领域，只有具备学习能力才能在不断变化的市场和技术下管理好产品。很多公司在招聘产品经理的时候会犯一个错误，那就是过分看中既有经验。

比如，某公司要招聘安全软件方向的产品经理，就在任职资格中要求产品经理具有在安全软件领域工作5年以上的经验。

其实，这并不是明智的方法，更好的做法是寻找在软件领域有适当工作经验并具备学习能力的产品经理。

5. 要有市场感觉

围绕市场调查、市场细分、目标市场和市场定位，通盘考虑产品、价格、渠道、促销、公关和服务这些因素是开展营销也是产品管理的一项很重要的工作。

所谓市场感觉，主要是能够通过市场现象策划一些战略，而不是对方降价自己也降价，对方做广告自己也做广告。

所谓战略，就是从产品定位、目标市场、价格和竞争对手入手，了解各自的强项和弱项，找到机会在哪里，威胁在哪里，并进行分析，制订未来的计划。

这些素质不是通过看市场宣传和汇报就能够获得的，它需要很多的信息反馈分析，要靠经验和感觉。

6. 具备抗压能力

作为一个产品的负责人，产品经理的压力是很大的。尽管在某些公司，产品的成败不一定和产品经理的收益挂钩，但如果某些方面考虑不周，做出来的母盘存在问题，就会造成整批产品销毁，给公司带来巨大损失，或者因为某些原因没有和一些人员沟通好或者安排好时间，结果造成问题，产品无法如期交付，产品经理还是有"罪魁祸首"的感觉，这些都是压力所在。

7. 注重细节，追求完美

优秀的产品经理对细节孜孜以求，注重细节是开发优质产品的先决条件，正所谓细节决定成败。

优秀的产品经理不但要注重产品设计的细节,而且也要在其他事情上追求完美,如对竞争状况进行分析,制订项目计划以及开展其他职责范围内的工作。

> **相关链接**　　　　**某公司产品经理的素质模型**
>
> 公司产品经理的素质模型应该从多个方面考虑,通过权重确保各方面的平衡并体现各要素的优先级,下图是某公司产品经理的素质模型的展示。
>
>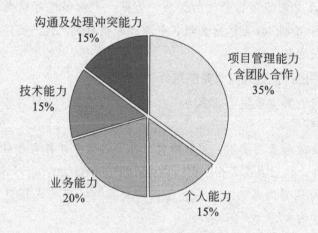
>
> **产品经理素质模型**
>
> **1. 产品经理的能力结构**
>
> (1)在一位成功的产品经理的能力中,应该有35%的能力体现在项目管理方面,而且这35%的能力包括团队合作的能力。
>
> 成为好的产品经理的前提是成为成功的项目经理,项目管理的经验对于产品经理很重要,可以帮助产品经理更好地管理产品,积累团队合作的经验和能力,让产品经理妥善处理团队内部的人员关系和其他情况。
>
> (2)个人能力占15%。个人能力包括领导能力、亲和力。个人能力可以帮助产品经理更好地进行产品管理。
>
> (3)产品经理的业务能力占20%。产品经理的业务能力包括专业的业务管理技能。
>
> (4)产品经理的技术能力占15%。技术能力是产品经理的必备技能,可以让产品经理更好地理解产品的性能和特点,更好地进行团队管理。

（5）产品经理的沟通和处理冲突的能力占15%。

产品经理应该领导项目组，指导产品从概念设计到市场推广，保证实现设计、收益、市场份额和利润等目标，解决项目组内成员的冲突；同时，产品经理还应该管理项目，制订项目的计划和预算，确定和管理参与项目的人员和资源，同职能部门之间相协调，跟踪项目的进展；产品经理还要负责和管理层沟通，提供有关项目进展状况的报告，准备并确定状态评审点，提供项目组成员工作绩效评审的输入材料。

成功的产品经理通常具备在一个或多个职能部门从事过管理和操作工作的经验，并具有管理项目开发的经历。因此，产品经理可以来自财务、研发、市场等任何部门。虽然富有项目管理经验很重要，但产品经理最好具备项目经理的任职资格证书。

2.理想中的产品经理应具备的条件

（1）对行业具有敏锐的洞察力，对本行业的现状、发展趋势、游戏规则有充分的了解。

（2）具备政治家的素质、强烈的责任感和自信心，具有号召、协调、策划能力，此外，还应具有开拓、创新能力。

（3）具有良好的品德。产品经理应该是具有一定的人格魅力、领导魅力、指挥艺术的人。

（4）具有很高的3Q。IQ（智商）、EQ（情商）和AQ（逆境中的承受能力）。

（5）具有高效的工作方法，是优秀的教练、导师。所谓教练，是职业化的产品经理，产品经理作为导师培养下属，引导和培养人才。

（6）具有强烈的紧迫感和危机意识，善于化解外来压力。

三、产品经理的角色定位

在企业里，产品经理是一个具有综合职能的职位，其工作内容的范围已经遍及产品的方方面面，其接触的人员也涉及公司几乎所有的部门。在产品管理工作中，产品经理是领头人、协调员，但他并不是老板。产品经理虽然对产品开发本身有很大的权力，可以对产品生命周期中各阶段的工作进行干预，但从行政角度看，并不像一般的经理那样有自己的下属，而且他要运用很多资源做事。因此，做好这个角色是相当需要技巧的。

在很多企业里面，会跨越行政管理的部门，以跨部门的虚拟产品团队方式来运作，产品经理是这个虚拟团队的Leader，虚拟团队的其他人大部分都不是全职只负责这部分工作，但是有约定比例的时间投入。根据公司的情况，也可以约定产品经理对每个虚拟团队成员在这部分的工作表现进行考核。

比如，在快消领域，产品经理的角色更侧重于产品（生命周期）管理和品牌推广；在研发生产型企业里，产品经理的角色通常要关注生产的周转率、产品的故障率、版本更新情况、推广计划、财务数据等方方面面的事情，对产品经理的个人能力要求也更强；在互联网领域，产品经理通常最关注用户价值、用户体验，以及与用户体验相关的所有事情，都需要产品经理发起或者参与。

想成为一个好的产品经理，必须在工作中把握好各种角色的特点，并且能够做到随时转换角色，也就是说，产品经理需要扮演以下几种角色。

1. 相对的技术人员

产品经理的一项重要的职责就是在市场人员和技术人员之间搭起一座畅通的"桥梁"，让市场人员能够和技术人员畅通地沟通。但是市场人员对技术的理解程度有限，因此，产品经理所扮演的技术人员不能和实际的技术人员一样，而应该用通俗的语言向市场人员说明技术方面的问题。在此过程中，产品经理可以多用形容词和比喻，明确地告诉市场人员，这个技术能做什么，能做到什么程度，能够如何应用。

这个角色对从技术岗位调过来的产品经理来说尤其重要，因为技术的思维惯性会影响自己和市场人员的交流。

> **一点通**
>
> 技术追求的是完美，而市场追求的是满足。一般情况下，在和市场人员沟通时，解释技术越简单越好，越形象越好。

2. 相对的市场人员

相对于技术人员，产品经理要成为市场人员。在不少技术人员看来，技术才是一个产品成功的根本因素。因此，在此过程中，产品经理就需要站在市场的视角引导技术人员进行合适的开发，而不是最优秀的开发。这需要产品经理必须有说服技术人员的实力，这种实力来自专业，而数据能体现自己的专业。

因此，对技术人员而言，产品经理就是市场专家。产品经理要详细地告诉技术人员，这个产品应该怎样做才符合市场需求，为什么市场上会有这种需求，这种需求会衍生出什么样的产品，这种产品应该具有什么功能等。当然，这种市场数据没必要自己获取，完全可以通过市场部门获得。

3. 产品销售人员

这里说的销售有两个层次，第一个层次是指产品的对内销售，第二个层次是指产品的对外销售。

（1）对内销售。何谓对内销售？产品经理应该清楚，自己负责的产品不可能得到公司所有同事的认可，这其中包括不少直接负责该产品销售的人员，甚至还有一些企业高层领导。这就需要产品经理有计划地开展内部"游说"，通过市场前景预测、产品演示、产品试用等方法提升他们的信心，从而增强他们的销售欲望，这就是内部推销。

（2）对外销售。对外销售并不是指做和销售人员一样的工作，而是指在产品发布过程中让各类媒体、经销商了解自己对产品的信心，也可以说是一种信心推销，即让外界知道这个产品就是同类中最好的，是最值得推荐的。

作为产品经理，对自己的产品拥有信心是最重要的，如果自己对产品都没有信心，如何让别人相信呢？完美的产品是不存在的，因此在销售过程中，自己一定要对产品非常熟悉，要明确知道该产品在哪些方面有不足，进而在销售过程中避开这些方面，这点是非常关键的。

4. 培训师

为了让更多的人灵活使用自己的产品，产品经理需要在培训方面下足功夫，培训对象包括用户、同事、经销商。培训师的工作在于让更多的人熟悉自己的产品，进而灵活使用自己的产品。培训的方式和手段需要自己合理运用，该自己动手做的就要自己做，该找人帮忙的就要找人帮忙。

5. 谈判专家

在某些企业中，产品经理有与外部机构合作的职责，需要和其他企业开展项目合作的谈判，这就需要产品经理具有一定的战略眼光，能够看得比别人更远和更广。虽然产品经理并不具有最终的决定权，但是可以向高层就该合作提出自己的意见和建议，并且在关键时刻促使高层做出决定。

第三节 产品经理的工作检视清单

一、产品规划与市场分析

1. 关于竞争环境需要了解的问题

这个部分的重点是评估产品将面临的竞争环境，产品经理需要收集尽可能详细的信息，并提供相关资料，包括新闻剪报、相关分析报告、竞品目录，并考虑以下问题。

（1）市场上有哪些具备相同功能或概念的产品（不要遗漏那些只有部分功能/概念相同的产品）？有哪些替代性产品？

（2）这些产品有哪些特性与功能？请列表进行比较。这些产品又有哪些规格？

（3）市场对这些产品及功能的评价如何？

（4）这些产品的目标对象是谁？利用什么样的方式/渠道进行销售？

（5）这些产品有哪些宣传、促销与折扣方式？

（6）这些产品的定价如何？

（7）这些厂商的产品策略是什么？它们的产品目标是什么？这类产品在该厂商的所有产品中地位怎样？

（8）这些竞争者在市场上的销售情况及市场份额如何？

（9）哪些商品是最值得注意的？

（10）你能预测这些竞争者未来会有哪些变化吗？他们在市场上会采取哪些行动？

（11）市场上还有没有其他企业正在或规划进入这块市场？

2. 关于市场与整体趋势需要了解的问题

产品经理在了解市场上的竞争者后，还要进一步审视大环境及趋势，特别是那些可能对企业、竞争者、产品与市场产生影响的重要事件，在了解时需要考虑以下问题。

（1）这个产品所在的行业是否有下列变化趋势？

——产品策略发生变化。

——价格水平或政策发生变化。

——分销方式发生变化。

——企业发生合并、收购或撤资等重大事件。

——渠道力量发生变化。

（2）市场目前的规模及发展前景如何？不同的细分市场分别有怎样的规模和发展前景？

（3）是否存在法律或政治因素对产品销售造成冲击？这种冲击产生的趋势是什么？

（4）上述趋势发生的可能性有多大？

（5）这些趋势会对产品造成什么样的影响？

（6）未来可能发生哪些科技变化？这些变化在未来几年内将如何影响产品的销售？

3. 关于用户和市场潜力需要了解的问题

产品经理必须以市场为导向，掌握用户的来源，了解用户的需求、市场潜力，并在具体操作时考虑以下问题。

（1）主要目标市场是处于成长、稳定还是衰退的状况？

（2）用户购买产品的情况如何？他们对价格的变动有多敏感？

（3）市场上是否有一些产品的"大量使用者（Heavy Users）"？他们占所有消费者的比重是多少？

（4）大部分用户是新顾客，还是重复消费者？

（5）潜在用户有多少，未曾开发的市场有多大？

（6）他们了解到的信息全面、充足吗？他们对产品的认知度如何？

（7）他们具备什么样的特性？从事的是什么行业？对这类产品的态度是积极的、传统的，还是被动消极的呢？

（8）他们是否受到了地域限制？为什么存在这样的限制？

（9）这类产品能够带给用户什么样的直接利益？他们最在意的功能与利益是什么？

（10）什么事物能促使用户购买？

（11）哪些趋势将影响用户的需求或行为？

（12）如果用户是企业，要了解谁是产品的使用者？谁激发了购买的意愿？谁影响了购买的决定？谁做出购买的决定？实际上是谁在购买产品？

（13）用户在使用这类产品时，是否在操作上存在困难？

（14）用户在购买产品之后需要怎样的后续服务？

（15）如果用户的客户也需要在工作中使用这个产品，那他们的需求又是什么？

（16）这个产品是否有可延伸获利的可能或新功能？

4. 对于既有的产品需要进行内部评析

内部评析是指客观地评断自己产品的优势与劣势。在进行内部评析时，需要考虑以下问题。

（1）如果以分数评定产品的品质，其中1分代表很低，7分代表很高，你的产品会得几分？你的用户也会打出一样的分数吗？

（2）从用户的角度来看，你所提供的产品有哪些优势？又有哪些劣势？这些优势和劣势为什么存在？

（3）销售人员会怎样评价这个产品？

（4）产品是否需要进行调整、升级或增加新功能？

（5）产品的定价是否有竞争力？

（6）现阶段的销售量和利润如何？它们是否能令人满意？

（7）现阶段产品的运营制作流程及后续客服有什么问题？

（8）近期产品退款及延误处理的状况如何？

（9）你目前有哪些不同的产品组合、不同的用户及市场细分方式？这样的市场细分方式及销售策略是否有效？

（10）你要如何提高用户的满意度？

（11）从用户的满意度和利润贡献来看，是否有一些产品功能可以被删减？

（12）你需要如何鼓励用户续用产品？

5. 市场机会分析

根据前面所做的市场分析了解产品的市场机会。产品经理可以利用SWOT分析或其他市场分析工具，了解己方的长处与短处及在市场上遇到的机会与威胁，进而归纳出这个产品面临的主要问题点与机会点。

二、产品目标及发展战略

1. 产品计划

根据前面的市场分析，产品经理可以拟定本项产品的发展战略，具体需要考虑以下问题。

（1）你如何让自己的定位区别于竞争者？

一般常用的产品定位方式是，找出影响此项产品市场认知的两项特性作为定位图的坐标轴（如价格与功能），再将竞争者以及自己的期望在图中表示出来，也可以用陈述的方式说明产品的目标市场与主要功能特性。

（2）这个产品对公司的战略有何影响？在公司的产品线中扮演什么样的角色？

（3）产品是否已经有名称？产品的名称有什么含义？这个名称可以被当作品牌名称使用吗？

（4）这个产品市场的潜力有多大？对公司的销售额和利润的贡献将会有多大？

（5）现有销售团队的组成结构是否有助于实现此产品目标？

（6）现有的技术开发团队是否有能力开发此产品？产品开发是否会面临技术上的瓶颈？

（7）是否需要与外部单位展开技术或策略方面的合作？

2. 新产品的规格及设计

产品经理不能认为产品开发只是技术人员的工作。为了确保产品以市场为导向，而非以生产为导向，产品经理必须在产品开发之前及产品开发的过程中，从用户或消费者的角度提出需求及建议，在提出前需要考虑以下问题。

（1）产品有哪些必要的功能？需要采用什么样的关键操作流程？（请从用户的使用角度考虑）

（2）这些功能中有哪些和竞品一样？哪些功能是竞品没有的？你认为这个产品具有竞争力吗？

（3）你的产品需要具有哪些能够被用户区别出来的特征？

（4）针对每项产品特征询问用户："具有这项特征有什么效益？"以用户的观点确认这项特征带来的效益。

（5）产品设计是否有利于规划有效的运营制作流程？

（6）将产品标准化或进行个性化定制，两者分别会产生什么结果？

三、产品的试用

所有的产品都应该经过内部测试与试用。其中，试用的首要任务就是找出错误，以修正产品在功能上受到的限制，解决遇到的问题。但产品经理除了寻找功能性的错误以外，还要注意考虑以下问题。

（1）从用户使用的角度看，产品是否易安装、易操作？
（2）产品使用的流畅性如何？
（3）产品说明是否不易理解，容易产生误解？
（4）产品有没有与用户使用习惯相悖的设计？
（5）产品和竞品相比有何差异？从用户的角度寻求市场的诉求。
（6）是否在适当的地方加入版权及免责声明？
（7）是否有用户意见反馈或寻求协助的接口或说明？
（8）哪些功能需要在下一阶段进行开发或升级？

第 2 章

新产品开发概述

导言：

新产品开发是指从研究选择适应市场需要的产品开始到产品设计、工艺制造设计，直到投入正常生产的一系列决策过程。

第一节 新产品开发认知

一、什么是新产品

新产品开发是产品经理负责的重要事项之一,要做好新产品的开发工作,首先要了解什么是新产品。

1. 新产品的判断标准

对于新产品的判断,常见的方法有图2-1所示的三种。

1	比现有的产品新	持这种标准的人认为,新产品一定要与现有的产品有差异。但是这种新的标准很难判断,因为几乎所有的新产品都是由现有的产品改进而来的
2	从时间来区分	从上市的时间来区分是另一种判断新产品的方法。然而,有些厂商在产品上市两三年之后,又重新包装或在广告及销售诉求上进行创新,也被称为新产品
3	以消费者的认知来划分	若消费者认为这个产品对他而言是新的,便可以称之为新产品。不过,这种区分方式相当主观,因为不同的消费者对新产品的界定可能有很大的差异

图2-1 新产品的判断标准

以上所述的3种判断新产品的标准,似乎仍未给予我们很明确的"新产品定义",而且新产品的判定似乎可以从不同的角度区分。因此,如何界定新产品,则视公司对新产品(或产品)所要达成的目标而定。

比如,公司欲将此产品推向市场,则应从消费者的观点判定,因为该产品对公司而言是新产品,但对消费者来说,可能已经是普遍被接受的旧产品,这时,公司所拟定的行销策略就不应再将其视为新产品。如果公司对新产品的目标重点在于新产品的开发技术与成本,即使市场对该产品很陌生,但对公司而言只是某项小技术的修正而已,这时对公司来说,该产品"新"的程度并不是很高。

总之，新产品的界定可用不同的观点判定，一般较常采用的观点有消费者对新产品的观点与生产者对新产品的观点。

2. 消费者对新产品的观点

新产品的新颖程度可依据它们改变消费者行为的程度区分，一般可分为图2-2所示的三类。

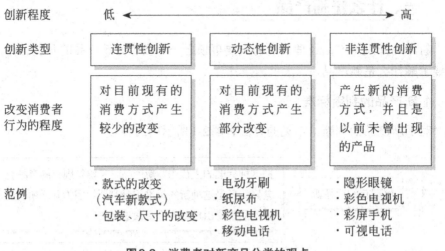

图2-2　消费者对新产品分类的观点

（1）连贯性创新。指现有产品的小幅度修正，如在冰激凌中加入各种不同添加物，使它的口味与现有产品的口味不同。此外，这种创新类型也可以和原有的其他竞品进行区分。这种创新类型属于一种逐渐演化的改变，通常应用于产品定位、产品线延伸或让消费者感到新鲜的行销活动。

连贯性创新的成本相当低，而非连贯性创新的成本非常高。因此，市面上大多数新产品属于连贯性创新。其原因如下。

一方面，厂商在推出非连贯性新产品之后，很快又推出相应的连贯性创新产品，以求加快收回创新的成本及加深消费者对新产品的接受程度。

比如，索尼在推出V8摄录放映机时，就一次推出了5种不同功能的机型。

另一方面，厂商推出非连贯性创新的产品之后，其他竞争厂商则可能很快地模仿并略加修改，推出其连贯性创新的产品。

对此种创新的产品，消费者可能受到吸引，而且消费者的行为不需要做大幅度的改变，只是觉得更便于使用，或者有更多不同的选择。

（2）动态性创新。这种创新对消费者行为的改变比较大，如"傻瓜相机"的上市改变了消费者对传统照相机的看法，并使非专业的人员也可以拍出高品质的相片。

（3）非连贯性创新。这种创新对消费者的生产与消费行为造成相当大的改变。

比如，第一部汽车、电视机、飞机、电话机及音响的发明，改变了人们的生活方式与生活形态。

这些具有里程碑意义的发明被市场接受后，便会不断地有些较小的连贯性创新出现，使这些产品不论是在产品品质，还是使用方便程度上，都比原有的产品好。

比如，电话机发明后，无线电话机、多组号码自动重拨的功能或电话答录机、移动电话等逐渐问世，使消费者在使用上更为便捷。

此类型的创新，其创新程度要比连贯性创新高，通常需要发掘一些消费者的新需求，或改变新消费者的消费习惯或社会价值观念。

比如，雀巢咖啡在推出即溶咖啡时，忽略了使用研磨式咖啡与即溶咖啡的消费者的观念区别，结果造成即溶咖啡的销量平平，直到消费者去除对即溶咖啡的不良印象之后，即溶咖啡的销售量才开始上升。

3. 生产者对市场和新产品的观点

另一种较为广泛使用的新产品分类方式，是从以下两个角度界定产品创新的"新颖程度"。

第一，对公司的新颖程度。虽然其他公司可能有同类产品生产与销售，但对某公司而言，一直缺乏生产与销售这种产品的经验。

第二，对市场的新颖程度。指对整个市场而言，是属于第一次上市的产品创新。

根据这两种角度，可将产品创新的程度分为图2-3所示的六大类。

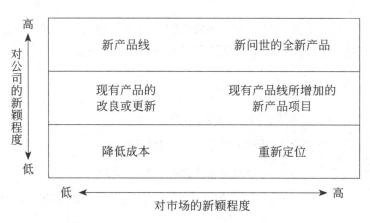

图2-3　产品创新的程度

(1) 新问世的全新产品。指对公司与市场而言，都是全新的新产品，如第一部移动电话或摄影机等。对公司而言，这类新产品在推出时较困难，风险也最高，然而可能创造一个全新的产业，不但利润相当丰硕，而且彻底改变了消费形态。

(2) 新产品线。对公司而言，是首次进入的产品市场；但对市场而言，可能已经不是非常新颖。公司在推出这类新产品时，已经有了学习参考的依据，对投资收益可以较准确地预估。

(3) 现有产品线所增加的新产品项目。指补充公司现有产品线的新产品项目，这是公司的产品线延伸，主要目的可能在于提高产品线的完整程度，但对市场而言，并非全新的。这类新产品可以加强公司现有产品线的竞争能力，提供更完整的产品选择。当公司是市场的领导者时，通常可弥补产品线的空隙，避免竞争者伺机而入。

(4) 现有产品的改良或更新。这类新产品主要在于取代公司现有的某些产品，以提高个别产品的竞争能力。由于早期推出的产品在功能或品质上往往有若干缺陷，因此有必要进一步修正与改良。许多公司的新产品属于这一类。

(5) 重新定位。指将现有的产品在新的细分市场推出。对于原来的细分市场中消费者不足或逐渐减少的情况，这种重新定位的方式显得特别重要。

比如，万宝路原来是女性使用的香烟，销售量一直无法突破，直到它改用以牛仔形象作为凸显男性气概的广告定位之后，才成为著名的香烟品牌。

(6) 降低成本。指经过重新设计，其所提供的性能与效用和原来的产品类似，而成本较低的新产品。这类创新对一些高价位的产品而言更为重要。

二、新产品开发的意义

创新是公司生命的源泉。为了保持或提高公司的地位，每家公司都必须向顾客提供新产品。总体来说，新产品开发具有图2-4所示的意义。

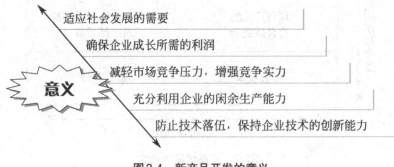

图2-4　新产品开发的意义

三、新产品开发应考虑的因素

企业开发新产品,是把有限的人、财、物有效地分配在急需的开发项目上,使新产品开发取得最佳效果,而关键在于准确地确定新产品的开发方向。由于市场竞争日益激烈,消费需求日益多样化和个性化,新产品开发呈现出多能化、系列化、复合化、微型化、智能化、艺术化等发展趋势。

产品经理在选择新产品开发方向时应考虑图2-5所示几点因素。

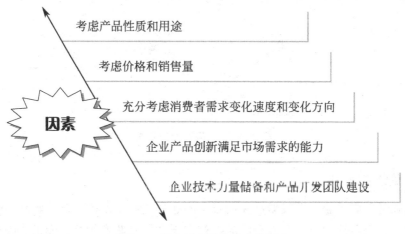

图2-5 新产品开发应考虑的因素

(1)考虑产品性质和用途。在进行新产品开发前,应充分考察同类产品和相应的替代产品的技术含量和性能用途,确保所开发产品的先进性或独创性,避免"新"产品自诞生之日起就被市场淘汰。

(2)考虑价格和销售量。系列化产品成本低,可以降价出售增加销售量,但是系列化产品单调,也可能影响销售量。因此,对系列化、多样化产品以及价格、销售之间的关系,要经过调查研究再加以确定。

(3)充分考虑消费者需求变化速度和变化方向。随着人们物质生活水平的提高,消费者的需求呈多样化趋势,并且变化速度很快。而开发一样新产品需要一定的时间,这个时间一定要比消费者需求变动的时间短,才能有市场,才能获得经济效益。

(4)企业产品创新满足市场需求的能力。对于现代企业来说,决定其市场潜力的关键因素就是各自推向市场的产品所包含的产品和技术创新的能力。

(5)企业技术力量储备和产品开发团队建设。产品的开发最终要靠企业的实力来完成,这种实力就是企业技术力量储备和产品开发团队建设。

四、新产品开发的方式

企业开发新产品,选择合适的方式很重要。选择得当,适合企业实际,就能少承担风险,易获成功。常见的新产品开发有图2-6所示的四种。

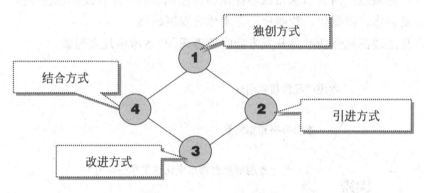

图2-6 新产品开发的方式

1. 独创方式

从长远考虑,企业开发新产品最根本的途径是自行设计、自行研制,即所谓独创方式。采用这种方式开发新产品,有利于产品更新换代及形成企业的技术优势,也有利于产品竞争。自行研制、开发产品需要企业建立一支实力雄厚的研发队伍、一个深厚的技术平台和一个科学、高效率的产品开发流程。

2. 引进方式

技术引进是开发新产品的一种常用方式。企业采用这种方式可以很快地掌握新产品制造技术,减少研制经费和投入的力量,从而赢得时间,缩短与其他企业的差距。但引进技术不利于形成企业的技术优势和企业产品的更新换代。

3. 改进方式

这种方式是以企业的现有产品为基础,根据用户的需要,采取改变性能、变换形式或扩大用途等措施来开发新产品。采用这种方式可以依靠企业现有设备和技术力量,开发费用低,成功把握大。但是,长期采用改进方式开发新产品,会影响企业的发展速度。

4. 结合方式

结合方式是独创与引进相结合方式。

第二节 新产品开发流程

由于不同的公司,其运作模式不同,相应的在新产品开发方面,其开发流程也不尽相同。在此,介绍几种常见的新产品开发流程。

一、阶段关口流程

加拿大麦克马斯特大学的罗伯特·G.库珀教授提出了一种经过实践检验的阶段关口流程,它能管控新产品从构思到发布的不同阶段和步骤,可以有效提高研发效率。阶段关口流程的核心思想是正确地实施项目和实施正确的项目。阶段关口流程把研发流程划分为预先设定的阶段,每个阶段都由一组预先计划的、跨职能的并行活动组成,每个阶段都由一个关口控制产品的开发质量。

阶段关口流程把新产品开发项目分成了不同的、可以识别的阶段。在每个阶段,跨职能部门的人员会同时进行多种活动。此流程包括7个阶段,具体内容如图2-7所示。

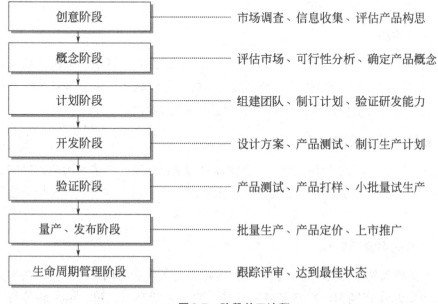

图2-7 阶段关口流程

1. 创意阶段

该阶段的主要活动包括对市场和产品需求信息的收集。产品经理收集不同的构思，在评审关口运用检查要素表或新产品模型对构思进行评估。

2. 概念阶段

该阶段的主要目的是了解市场前景、技术可行性和财务可行性，具体流程包括组建产品企划团队，初步评估市场、技术和财务，确定产品概念和初始项目计划。

3. 计划阶段

该阶段的主要活动包括组建产品开发团队，制订项目计划，对市场、技术、财务进行详细的评估和验证。此阶段的审核标准包括定性标准和财务标准，具体包括新产品的优势、市场吸引力、技术可行性、风险与收益比率和增效能力等方面的内容。

4. 开发阶段

该阶段的主要活动有设计产品方案、研究市场竞争状况、为第五阶段的产品测试寻找合适的产品测试点，解决知识产权和产品合规问题，设计详细的生产和运营流程，计算生产成本和资本费用，制订一份详细的生产运营计划以及质量保证计划，识别重大的商业和财务风险等。

5. 验证阶段

该阶段的主要活动包括广泛的内部测试、全面的用户测试、市场测试（试销）、小批量试生产。阶段性成果是形成完整的产品测试报告或认证证书。如果产品测试取得消极结果，那么整个项目将退回到开发阶段。

6. 量产、发布阶段

在这个阶段，研发小组继续管理研发方面的项目活动，制造小组监控供求情况和生产情况，采购小组管理采购项目、供应商，市场部发布并执行市场策略与计划。

7. 生命周期管理阶段

在产品投入量产并发布后，新产品开发项目进入生命周期管理阶段。在产品上市后的跟踪观察期内，对产品及其性能、生产、营销、销售、用户服务与支持、质量与业务表现以及最新竞争状况和用户满意度进行跟踪评审，并有针对性地采取相应的纠正措施，以使产品在生命周期的利润和用户满意度达到最佳状态。若无重大异常，产品开发团队解散，产品变成生产线上的正常产品，最后进入产品衰退期直至停止销售。

典型的阶段关口模型如图2-8所示。

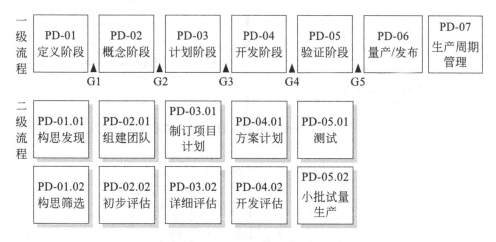

图2-8 典型的阶段关口模型

在阶段关口模型中，每个阶段的前面有一个关口。关口作为一种质量控制检查点和通过与否的决策点，决定产品开发活动能否向下一个阶段推进。实施阶段关口流程可以有效改善团队合作，让团队及早发现问题，减少返工和重复性工作，提高产品开发的成功率，缩短产品的发布时间。阶段关口新产品开发流程不仅从更全面的角度看待开发管理，而且流程简单易懂，便于学习、推广和实施，对中小企业或短周期的快速开发产品较为适用。

二、集成产品开发流程

集成产品开发（IPD，Integrated Product Development）由PRTM咨询公司的创始人迈克尔·E.麦克哥拉斯于1986年提出。IPD是指将企业开发活动按照业务流程方式进行管理，通过分阶段、流程化推进各种活动的实施以达到优化目的。IPD的实施能够有效缩短产品开发周期，提高产品的回报率，并有效减少资源浪费，其核心思想如图2-9所示。

IPD管理模式包括三大流程，分别是集成产品开发流程、市场管理流程、市场需求管理流程，如图2-10所示。

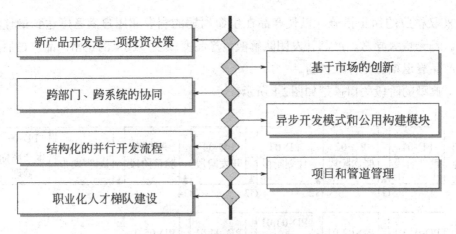

图 2-9 集成产品开发流程的核心思想

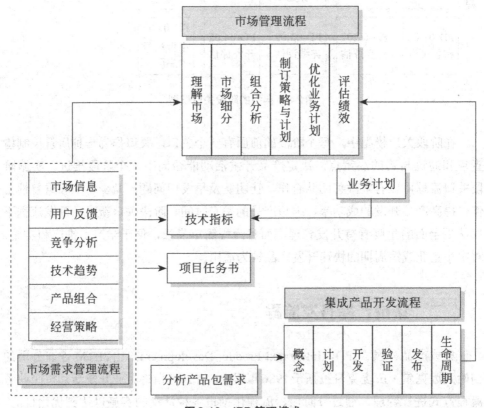

图 2-10 IPD 管理模式

相对于阶段关口流程，IPD 流程更全面地完善了产品开发管理的管理理念和企业实践，将其纳入一个完整的可操作框架中，使其适合在大型公司实施。IPD 流程的缺点在于它比较复杂，需要花费大量的时间和成本进行推广和实施。

三、互联网产品开发流程

移动互联网的特征是无界限、全民化、信息化和传播快速化。互联网思维使企业的产品与用户的联系更紧密,产品功能日益趋向简单化。在产品结构简单的前提下,企业能够集中优势资源将核心功能做到极致,并快速投向市场,获得竞争优势。互联网思维要求企业整合资源,实现资源的高效利用,降低产品成本,严格把控产品质量,缩短产品开发周期,快速开发出更多、更高质量的新产品。其开发流程如图2-11所示。

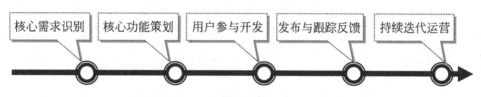

图2-11 互联网产品开发流程

1.核心需求识别

需求分析是新产品开发流程中的最前端的活动,也是最重要的活动。需求分析直接决定新产品的核心功能。

(1)核心需求识别阶段的主要内容。核心需求识别阶段的主要内容包括图2-12所示的几点。

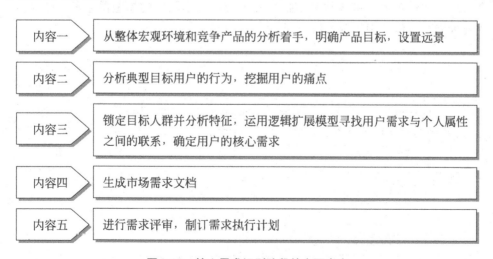

图2-12 核心需求识别阶段的主要内容

（2）核心需求识别阶段的流程。需求阶段的关键是基于产品定位探寻用户需求与个人属性的联系，确定产品主线，具体流程如图2-13所示。

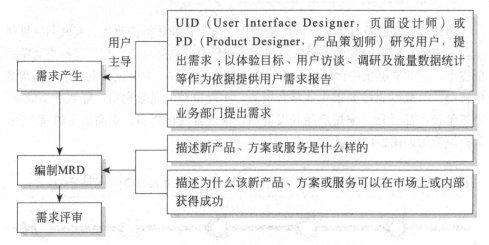

图2-13　核心需求识别阶段的具体流程

2.核心功能策划

在定义产品的核心功能后，产品开发团队会在策划阶段完善需求列表，形成产品需求文档，经专家评审后对需求进行汇总管理；在完成需求列表后，产品经理应根据优先级及现有资源进行项目排期，现有资源包括人力资源和物料资源。

同时，由交互设计师和视觉设计师分别设计交互方案和视觉界面方案。在这个阶段，将产品的功能模块高度抽象并分类，并用简单的模型覆盖多样的功能，化繁为简，具体流程如图2-14所示。

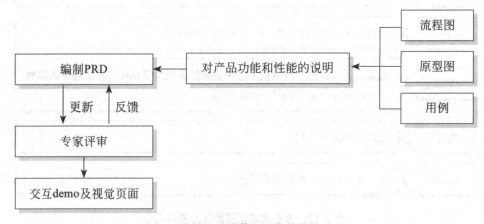

图2-14　核心功能策划阶段的具体流程

3. 用户参与开发

开发阶段的主要活动是依据PRD开发编码，并在开发完成后进行α（alpha，最初）测试和β（beta，第二次）测试，如图2-15所示。

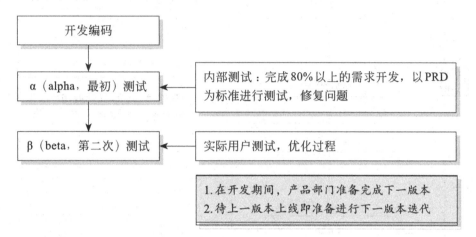

图2-15 用户参与开发阶段流程

拥有大量用户的产品在改进时可以采用A、B测试方法。例如，某个功能的改进解决有A、B两种方案，可以随机挑选少量用户分别试用A方案和B方案，分析测试数据，得出测试结果。此方法的成本较低，但需要用户直接参与设计。

4. 发布与跟踪反馈

产品发布阶段的主要活动包括产品发布和跟踪反馈，如图2-16所示。

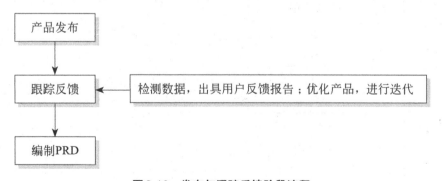

图2-16 发布与跟踪反馈阶段流程

产品经理可将产品发布日设为考核整个项目的运作效率的重要日程。在产品发布时必须明确的一点是，产品的1.0版本必须是具备最小功能的集合（驱动目标用户购买产品所必需的产品功能集合），而不要求此版本一定是完美的。

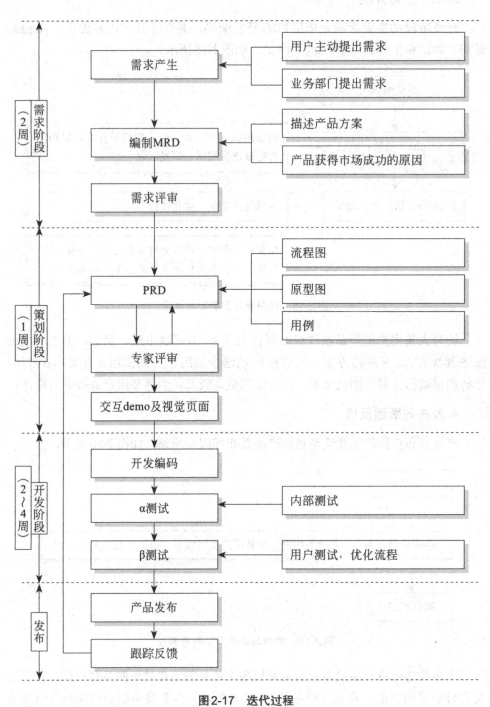

图2-17 迭代过程

5.持续迭代运营

互联网产品的开发面对的是上亿个用户群体,而且各个用户群体的产品观念和使用产品的习惯在快速改变,同时,行业内产品的创新点不断涌现,旧产品被新产品替代的速度非常快,这就要求在确保产品核心功能完整和保证质量的情况下,产品能够快速进入市场,抢占市场先机。一个完整的迭代过程包括上述策划、开发、测试和发布过程,如图2-17所示。

在新产品上线并投向市场后,产品经理应实时关注用户行动指标的变化,分析产品的不足,这样可使之快速进入下一轮的产品迭代周期。如果是产品改进项目,就需要检验产品改进是否达到预期目标,并在数据分析报告中体现出来。对于具有一定数量级用户的互联网产品,产品经理与开发人员可以利用大数据分析模型,分析用户的需求变化和增长状态,并实时更新数据,获取用户需求的最新动态。

第三节 新产品开发战略

一、产品开发战略的概念

产品开发战略是由企业现有市场和其他企业已经开发的而本企业正准备投入生产的新产品组合而生产的战略,即对企业现有市场投放新产品或利用新技术增加产品的种类,以扩大市场占有率和增加销售额的企业发展战略。

新产品开发在企业经营战略中占有重要地位。完善的新产品开发战略是新产品开发成功的首要前提,企业选用新产品开发战略的合理与否直接关系到企业新产品的竞争力,决定企业新产品开发能否成功。

二、制订新产品开发战略

战略就是组织的管理者决定实现的一整套目标,以及为实现这些目标而制定的一组政策或规划。作为一般的准则,企业的总体目标是实现组织及环境的最优组合。

1. 新产品开发战略的作用

新产品开发战略有如下一些作用。

（1）指导作用。新产品战略在指导新产品开发过程的不同阶段具有特殊作用。

（2）促使公司的设想形成计划。公司的设想形成计划始于战略。公司的工作如果是从技术到市场，那么这种对设想的收集就始于技术；公司的工作如果是从市场到技术，那么这种对设想的收集就始于市场；如果公司试图使自己的生产能力实现最优化，那么这种对设想的收集就始于工厂。当然，对于那些与公司的整体战略不相适应的设想，公司没有必要为其枉费心机。

（3）促进设想评价。随着设想形成的是设想评价，该过程同样始于战略。这里不必考虑在全面筛选设想的初期评价时所产生的高昂代价。筛选的巨大收益源于战略，产品测试和市场测试的标准是通过战略发展而来的，而且最终的财务评价也必须包括战略的规范，战略起着先导的作用。

除了设想的形成和评价外，战略也影响着市场营销活动。

比如，在我们首次进入一个市场时，应该承担多大的风险？对市场占有率、投资回报、改善形象以及取得商标特许权等目标，战略报告中都应有所提及。

2. 新产品战略的制定流程

新产品战略的制定流程，如图2-18所示。

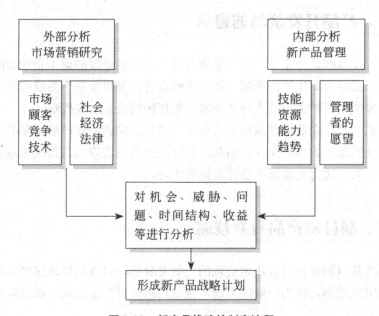

图2-18　新产品战略的制定流程

3. 新产品战略模式

新产品战略有三种模式,具体如下。

(1) 定位战略,也称为防御和适应战略。

(2) 创新战略,也称为进攻、先导战略。

(3) 冒险战略,也称为多元化、创业战略。

以上3种新产品开发战略模式的相关要点,如表2-1所示。

表2-1 新产品开发战略模式

新产品战略模式	定位战略	创新战略	冒险战略
目的	维持和发展相应的竞争地位,保持市场占有率,维持和控制下降的利润	提高销售量和市场占有率	创业、快速发展、获利
创新的来源	市场营销手段,有时也采取降低成本的方式	市场营销手段或技术手段,经常是二者的结合	企业的技术中心或技术购买
主要竞争领域	产品或顾客群	最终用户或技术	最终用户或市场发展技术(支配市场的机会)
创新的程度	模仿	一般在先导的水平上	发明型的创新,率先进入市场

4. 制订产品创新大纲

为了清晰地区分新产品战略,在此,用"产品创新大纲"这个术语来确定。以下列出了产品创新大纲的概要,你可以将这些要素放在一起通盘考虑,从而制作一份全方位的战略计划。

 范例 ▶▶▶

产品创新大纲范例
产品竞争领域

一、产品类型或等级
二、最终用户应用

三、顾客群

1.用户状况：现有用户／新用户

2.人口统计方面

3.心理统计方面

4.分销状况

四、技术

1.科学／技术

2.经营

3.营销

新产品活动的目标

一、发展

1.迅速发展

2.受控发展

3.维持现状

4.受控收缩

二、市场状况

1.创造新的市场机会

2.提高市场占有率——进攻型

3.维持市场占有率——防御型

4.放弃市场占有率

三、特殊目的

1.多样化

2.季节性调整

3.避免被收购

4.建成生产线

5.投资／资产收益率

6.资金回收

7.维持/改变企业形象

8.其他

实现目标规划

一、关键创新要素的来源

1.市场／市场营销

（1）竞争对手的产品
（2）市场重新定位
（3）特许权扩展
① 商标/公司名称
② 销售人员特许权
③ 交易地位
（4）用户未满足的需求
2.生产／经营
（1）工艺/制造技术
（2）产品质量
（3）低成本
3.技术创新
（1）内部资源
① 基础研发
② 应用研发
③ 开发/生产
（2）外部资源
① 合资公司
② 许可证
③ 收购

二、所用创新程度
1.先导
（1）技术性突破
（2）杠杆性创造
（3）应用技术
2.适应：技术性/非技术性
3.模仿／竞争
（1）紧跟战略
（2）分片特许
（3）经济手段——价格竞争

三、次序／时机选择
1.率先进入
2.敏感反应

3.迟钝反应

四、特殊方面

1.避开职能

2.避开法规

3.产品质量水平

4.获取专利的可能性

5.有无组织体系

6.避开竞争对手

7.仅进入发展的市场

8.其他

三、制订新产品市场开拓计划书

新产品市场开拓计划书是新产品进入市场的具体实施方案。

1.产品市场开拓计划书内容

产品市场开拓计划书包括图2-19所示的内容。

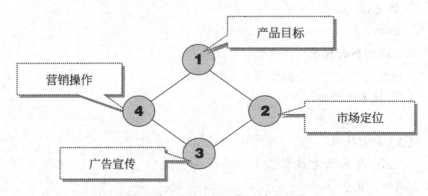

图2-19　产品市场开拓计划书内容

2.制作要求

产品市场开拓计划书的制作要求如下。

（1）撰写新产品开拓计划书时应侧重市场推广的大方向，而不是促销细节。

（2）市场定位、产品定位、广告定位应准确。

（3）操作流程应简洁。

（4）常见的错误是将"计划书"写成促销文案。

 范例 ▶▶▶

××产品市场开拓计划书

一、产品目标

在半年时间内，迅速提升"××"果蔬汁的知名度与美誉度，塑造"××"品牌形象，同时全力作用于终端销售，打开××市场，并为全国的招商服务。

二、市场定位

如可口可乐一样，"××"果蔬汁面向大众，核心消费对象是这样一群人：年龄20～35岁、具有一定文化素养的青年人，他们为忙碌的生活而奔波，为创业而拼搏，很难顾得上自身的营养协调，同时对口味的感知又十分敏锐。通过这样一群人的带动，延及小孩、老人两大层面。

三、核心理念

"××"果蔬汁是综合果汁与蔬菜汁的各自优势而形成的全新一代的营养性饮料。它在保持了良好口感的同时，科学地解决了长期以来饮料自身无法解决的营养配备问题。果汁与菜汁的"××"，实际上就是营养与口味的牵手，从一定意义上讲，它又在更高的层面上延伸了饮料的现有功能，提升了饮料的服务价值。

四、广告定位

"××"就是飞跃，也可理解为1+1>2。

"××"就是革命，既是饮料观念上的革命，也是饮料市场的革命。

广告语如下。

1.我开创饮料革命，你尽管享受实惠。

双重口味，两份营养（一份水果的，一份蔬菜的）——"××"果蔬汁。

2.饮料大革命。营养、口味都需要——"××"果蔬汁。

3."××"果蔬汁：给口味配个"营养师"。

4.好喝、安全、营养，一样都不能少——"××"果蔬汁。

五、营销操作流程

1.利用权威，划清界限

时间：5月26日（暂定）。

方式：专家辩论会。

内容：果汁专家与菜汁专家"面对面"。

公说公的好，婆说婆的妙。

结论：双方应联合起来，融合各自的优势。

果蔬汁才是真正的"英雄好汉"。

2.广告跟进，独占成果

时间：6月初。

方式：报纸广告。

内容：饮料革命了！

革命的目的：让饮料好喝的同时，也能解决营养的问题。

革命的方式：高科技做武器。

革命的成果：全新一代营养性饮料"××"果蔬汁问世！

3.全面招商

时间：6~8月底。

方式：硬、软广告结合。

媒介：《中国青年报》《中国商业报》。

广告语：双重口味，该出手时就出手；两份营养，要牵手时就牵手。

内容如下。

（1）辩论会也是"卖点"。

（2）"××"牵出大市场。

（3）"经营游戏"：果蔬汁如何做市场？

4.科普运作

目的：作用于消费者。

时间：6月中旬至8月下旬。

方式：系列报道。

媒介：以《南方都市报》为主体，辅之以其他媒介。

内容如下。

（1）今年饮料喝什么？

（2）饮料市场出"黑马"。

（3）饮料市场演绎"三国演义"。

（4）喝饮料喝什么——口味篇。

（5）喝饮料喝什么——营养篇。

（6）喝饮料喝什么——安全篇。

（7）揭开蔬菜营养真面目——访国家蔬菜研究所。
（8）1.2+0.8为何大于2——配比篇。
（9）1.2+0.8为何大于2——营养篇。

四、制作新产品开发企划方案

新产品开发企划方案是企业对新产品的研究开发、生产包装、销售促销和广告策划等一系列活动进行安排而形成的一种营销方案。

1.撰写技巧

（1）充分了解新产品及其竞争市场。
（2）充分了解市场定位。
（3）充分考虑消费者的利益。
（4）要让他人看得懂，文字简短、流畅。

2.格式内容

新产品开发企划方案应包括以下内容。
（1）新产品的选择研究。
（2）市场计划。
（3）消费行为研究。
（4）竞争环境研究。

范例

产品开发企划方案

一、内部考虑因素
1.选择新产品
（1）市场情报
（2）新产品性质（组合、改良、新用途或新发明）
（3）估计潜在的市场
（4）消费者接受的可能性
（5）获利的多寡

2.新产品再研究

（1）同类产品的竞争情况

（2）预估新产品的成长曲线

（3）产品定位的研究

（4）包装与式样的研究

（5）广告的研究

（6）销售促进的研究

（7）制造过程的情报

（8）产品成本

（9）法律上的考虑

（10）成功概率

3.市场计划

（1）决定产品定位

（2）确立目标市场

（3）品质与成分

（4）销售区域

（5）销售数量

（6）新产品销售的进度表

4.产品

（1）产品的命名

（2）商标与专利

（3）标签

5.包装

（1）与产品价值相符的外貌

（2）产品用途

（3）包装的式样

（4）成本

6.人员推销

（1）推销技巧

（2）推销素材（DM、海报、宣传单等）

（3）奖励办法

7.销售促进

（1）新产品发布会

(2) 各种展示活动

(3) 各类赠奖活动

8. 广告

(1) 选择广告代理商

(2) 广告的目标

(3) 广告的诉求重点

(4) 广告预算与进度表

(5) 预测广告的效果

9. 公共关系

(1) 与有关机构的公关

(2) 与上下游厂商的公关（供应商与经销商）

(3) 公司内部的公关

(4) 与各类媒体的公关

10. 价格

(1) 确定新产品的价格

(2) 研讨公司与分销商的利润分配

(3) 制定合理的价格政策

11. 销售渠道

(1) 直销

(2) 经销商

(3) 连锁商店

(4) 超级市场

(5) 大型百货公司

(6) 零售店（杂货店、食品店、药房等）

12. 商店陈列

(1) 商店布置

(2) 购买售点广告（即POP，包括海报、橱窗张贴、柜台陈列、悬挂陈列、旗帜、商品架、招牌等）

13. 服务

(1) 售中服务（销售期间的服务）

(2) 售后服务

(3) 投诉的处理

(4) 各种服务的训练

14. 产品供给

（1）进口或本地制造

（2）品质控制

（3）包装

（4）产品的安全存量

（5）产品供给进度表

15. 运输

（1）运输的工具与制度

（2）运输过程维持良好品质的条件

（3）运费的估算

（4）耗损率

（5）耗损产品的控制与处理

（6）退货的处理

16. 信用管理

（1）会计程序

（2）征询调查

（3）票据认识

（4）信用额度

（5）收款技巧

17. 损益表（指企业运营与盈亏状况的报表）

（1）营业收入

（2）营业成本

（3）营业费用

（4）税前利润与税后利润

二、外部考虑因素

1. 消费者的行为研究

（1）购买者的需要、动机、认知与态度

（2）购买决策者、影响决策者、产品购买者、产品使用者

（3）购买时间

（4）购买地点

（5）购买数量与频率

（6）购买者的社会地位

（7）购买者的所得

2.与消费者的关系

（1）产品特点与消费者的需求

（2）消费者潜在的购买能力

3.与竞争者的比较

（1）公司规模与组织

（2）管理制度

（3）推销员的水平

（4）产品的特色与包装

（5）产品的成本

（6）价格

（7）财务能力与生产能力

4.政治、社会环境与文化背景

（1）法律规定

（2）经济趋势

（3）社会结构

（4）人口

（5）教育

（6）文化水平

（7）国民所得与生活水平

（8）社会风俗与风尚

第3章

产品创意

导言：

　　新产品开发是一种创新活动，产品创意是开发新产品的关键。在这一阶段，要根据社会调查掌握的市场需求情况以及企业本身条件，充分考虑用户的使用要求和竞争对手的动向，有针对性地提出开发新产品的设想和构思。

第一节 市场调研

一、什么是市场调研

市场调研是一个科学性很强、工作流程系统化很高的工作。它是由调研人员收集目标材料,并对所收集的材料加以整理统计,然后对统计结果进行分析以便为企业的决策提供正确预测的方法。市场调研必须围绕一个主题进行,它的工作组成必须依照严格合理的工作程序,从大的方面来讲,它包括图3-1所示的三个部分。

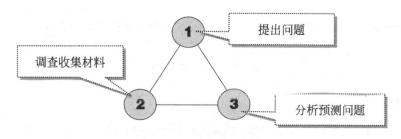

图3-1 市场调研包括的内容

市场调研对于产品设计、市场营销等活动来说其重要性犹如侦察之对于军事指挥,它贯穿整个产品发展的各个阶段,具体如图3-2所示。

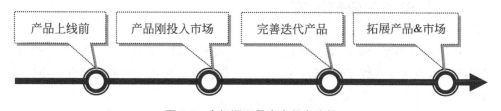

图3-2 市场调研贯穿产品全阶段

二、市场调研的目的

市场调研的目的是"找位",新产品定位是在完成市场调研的基础上,企业用什么样的产品来满足消费者或消费市场的需求。从理论上分析,应该先进行市场调研，然后才进行新产品定位。

通俗地讲，做市场调研就是为了避免闭门造车。一个新产品，最主要解决的就是产品定位的问题。产品定位，要明确产品的前提条件，还有就是产品的边界范围。我们做产品只有确定了产品的前提条件和边界范围，需求才可能收敛和聚焦。如果只是从自身的角度来考虑产品需求，则会很容易陷入闭门造车的陷阱，最后导致开发出来的产品不受市场的欢迎。

对于产品经理而言，市场调研更多的是帮助他们了解自己、了解用户、了解市场。通过市场调研，采用科学的手段来进行管理和决策。具体如图3-3所示。

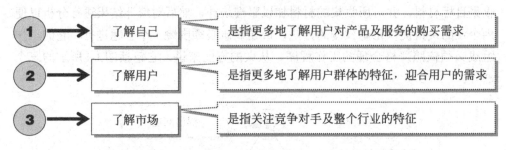

图3-3　市场调研的作用

一点通

作为一名产品经理，最欣慰的应该是看到用户爱用我们策划出来的产品，而不是让用户抱怨我们的产品。

三、市场调研的步骤

市场调研为整个新产品开发流程的正确决策提供关键信息，从立项、研发、上市到产品生命周期管理，越是后期，投资越大，对市场调研的可靠性、精度要求更高，不容有一丝的不严谨。

做一份好的市场调研，可按图3-4所示的六个步骤来执行。对这六个步骤有清晰的认识是一份严谨的调研报告的首要条件，每一步骤都会直接影响下一步和结论。

图3-4　市场调研的步骤

1.定义问题

清楚要描述什么问题、解决什么问题、研究什么内容。在完整的产品生命周期中，在立项、研发、上市、营销不同阶段，所需要研究的内容，定义的问题，相应的决策都必须非常清晰。具体如图3-5所示。

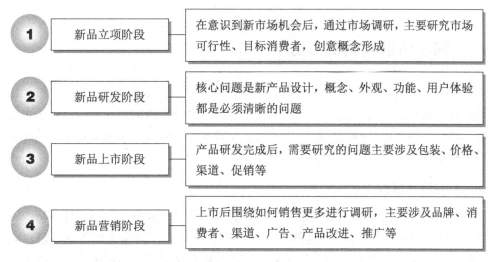

图3-5 不同阶段需定义的问题

2.确定精准度

可信度达到水平，一般看两个指标，统计信度和实验误差。一般做定量测试，目标受访者越多，误差相对越小。

3.收集数据

采用适当的方法收集数据。新产品导入过程也分为多个阶段，每个阶段使用的方法有所不同，比如在概念形成阶段，主要以定性测试为主，行业领袖的意见会起到很大作用；在设计评估阶段，以定量测试为主，目标消费群体为主要测试对象。

4.分析解释

进行数据分析，对所提问题进行总结。在得到数据后，往往会发现和想象的有差别，甚至问题间会有矛盾，这时候可能是分析的方法不对。因此要进一步从多个方面挖掘数据的内涵，对问题进行解释说明，让得到的结论更合乎逻辑。

5.得出结论

联系问题对数据结果进行解释，得出结论。

6. 结论应用

将结论用于解决定义问题。很多时候得出的结论，需要投入很多资源重新调整，决策者却望而却步，只是部分执行或者简单执行，最终导致市场调研并没有起作用。因此，执行应用也是非常重要的部分。

四、市场调研的方法

在调研的方法上，产品经理可尽量采用定性与定量相结合的方式，相互验证。定性调查是市场调查与分析的前提和基础，没有正确的定性分析，就不可能对市场作出科学而合理的描述，无法建立正确的理论假设，定量调查也就因此失去了理论指导。

1. 定性调查分析

产品与市场团队首先要搜集大量的行业资料，对行业市场进行定性分析。市场调研是一个动态的过程，虽然有科学的程式化步骤，但也无须按部就班，调研任何环节都需要创意的帮助。实际上，创造性是调研诸多性质中最有价值的特性，是调研人员营销知识、调研技术、思维能力的综合体现，当然也是产品与市场调研有效性最有力的保障。因为有创意的调研总是来自调研人员对产品与市场的把握、对营销的理解、对调研技法的精通。

其中，座谈会是定性调研开放式访谈中的一种，调研人员在召开座谈会之前针对主题精心准备大纲，大纲主要包括以下内容。

（1）问什么问题。

（2）问题该如何恰当地措辞（用对方容易接受的语言）。

（3）与受访者建立的关系（相互信任）。

（4）资料的记录（录音＋笔记）。

（5）资料的分析、解释与报告的步骤等。

在座谈会中大纲所列举的范围和形式仅供参考，注意将焦点集中于受访者身上，对他们的视角表现出真正的兴趣、关心和理解。这就要求会议的组织者提高引导技巧，学会真正了解受访者的内心，真正走进他们的世界。

2. 定量调查分析

问卷调查是产品与市场调研中最有效也是被经常使用的一种定量调查方法，一直被业内人士看作是制胜的法宝。

（1）问卷应具备的条件。一份优秀的问卷需经过相当审慎而周密的计划，因为不当的问卷设计足以毁坏整个调研工作，浪费企业大量的时间、人力和经费。一份良好的市场调研问卷应具备图3-6所示的两个条件。

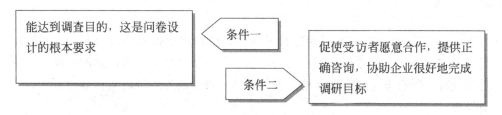

图3-6 市场调研问卷应具备的条件

（2）问卷应包含的内容。问卷设计是非常重要的一个环节，甚至决定着市调的成功与否。为了更好地实现调查目标，产品经理需先确定要研究的目标和内容，然后对问卷问题进行缜密设计，应包括图3-7所示的内容，力求客观、真实地反映市场情况。

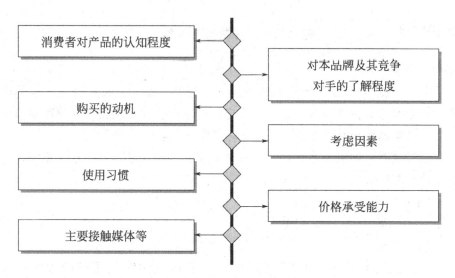

图3-7 市场调研问卷应包括的内容

（3）问卷设计应遵循的原则。问卷设计要严格遵循以下原则。

① 简单原则。由于初期市场调研是针对广大消费者的，受访者在受教育水平上存在着明显的差异，问卷若设计得太书面化不但会使受访者因难以融入问卷内容而产生大量拒访现象与访问失真，还会在很大程度上增加访问作业难度。因此，问卷设计应尽量以简单句取代复杂句，用词简洁清楚，语言尽可能做到既科学又不晦涩难懂、不产生歧义，提高问卷的可读性与被理解性。

> **一点通**
>
> 问卷答题时间控制在10分钟，最好5分钟以内，否则拒访概率会大大提升。

② 客观原则。为了使问卷能够最真实和准确地反映受访者情况，产品经理需对问卷的问题设计进行仔细斟酌，严格避免引导性或暗示性的问题出现。在陈述问题时，采取正反两方面问题并陈的方式，设计问题选项时对内容也要进行平衡处理。

③ 精准原则。通常的问卷设计中违反切题原则的情形有两种：一种是题意含糊或过于笼统，使问题涉及范围太广或主题界定不清，这将使受访者无从答起；另一种是一题多问，这样的问题将使受访者无法适切回答。要想从根本上提高问卷质量，必须严把问题关，问卷初稿生成后，产品经理应针对问卷中的关键问题进行逐字逐句的探讨，保证问题的精准性。

相关链接　　　　**格力新产品开发调研问卷**

尊敬的顾客：

我是宁波××店市场调查的访问员，我们正在对各位进行一次市场调查，我想和您谈谈有关问题，要耽误您一些时间。请您根据实际情况和感受填写，问卷答案无对错之分，谢谢您的支持与配合。

填写说明：如无特别说明，填写时请在相应的选项上打"√"即可，谢谢您的参与！

Q1：性别
　　□男　　　　　□女

Q2：年龄
　　□20岁以下　□20～39岁　□40～59岁　□60岁及以上

Q3：月收入水平
　　□1500元以下　　　　　□1500～3000元
　　□3000～5000元　　　　□5000元以上

Q4：职业类型
　　□工人　　　　□农民　　　　□农民工　　　□公务员
　　□文教卫体人员　□离退休人员　□服务人员
　　□个体经营者　□学生　　　　□其他_____

Q5：您现在是否在使用空调？
□是 □否

Q6：如果要您选用空调你会选择哪个品牌？
□格力空调 □海尔空调 □美的空调 □志高空调
□其他_____

Q7：你选择使用这个品牌的因素是什么？
□品牌知名度高 □质量好
□售后服务好 □口碑好
□价格 □购买方便 □其他_____

Q8：你对格力空调哪些地方满意？
□品牌知名度高质量好 □售后服务好
□价格合理 □功能齐全，满足多种需求
□其他_____

Q9：您希望增加什么样的功能？
□智能化霜 □独立除湿 □童锁功能，防止误操作
□除尘 □其他_____

Q10：您觉得格力空调在国内市场中属于？
□没听过 □非主流品牌 □二线品牌 □主导

Q11：您较能接受的格力空调的价格是多少？
□2000～2500 □2500～5000 □5000～10 000

Q12：对于目前的空调产品您认为最需提升的是哪些方面？
□维修技能水平 □人员素质
□品牌的反响度 □其他_____

Q13：您家的中央空调在使用过程中出现的主要质量问题是什么？
□噪声大 □漏水 □不制冷 □漏氧
□功能过少 □能耗过大

Q14：您印象最好的空调品牌有？
_____
_____

Q15：我们可以分析您对格力空调的个人意见吗？
_____
_____

第二节 产品构思

产品构思是在市场调查和技术分析的基础上,提出新产品的构想或有关产品改良的建议。好的新产品构思是新产品开发成功的关键。

一、产品构思的来源

产品经理可在企业内部和企业外部寻找新产品构思。

1.企业内部

企业内部包括企业的生产部门、技术部门、市场营销部门以及负责包装、维修等从属于企业的部门,如图3-8所示,这些部门的工作人员与产品的直接接触程度各不相同,但他们都熟悉企业业务的某一或某几个方面,对企业的产品比外部人员有更多的了解与关注,因而往往能针对产品的优缺点提出改进产品的创新构思。除研发部门外,销售部门和高层管理部门是新产品构思极为重要的来源。

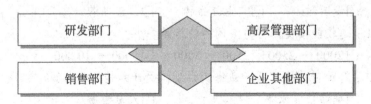

图3-8 企业内部新产品构思的来源

(1)研发部门。研发部门是新产品构思最重要的内容来源。统计资料显示,在所有的新产品构思中88%来自企业内部,而其中60%来自企业研发部门。新产品开发研制过程分为图3-9所示的三种。

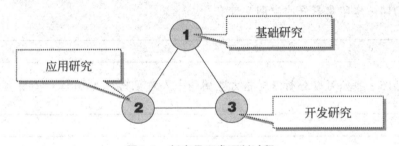

图3-9 新产品开发研制过程

企业研发部门的任务便是积极并有计划地致力于上述三种研究，积累成果并不断产生各种新的构思，从而开发出既畅销又能获利的新产品。可以说，研发部门人员的主要职责就是构思新产品。新产品开发工作的启动、前进、维持直至成功完成，无论哪个环节都离不开研发部门人员的参与和努力。

2010年的某个夏天，凯文开发了一款结合地理位置和社交游戏的移动应用Burbn。在Burbn中，用户可以根据地理位置签到，创建行程规划，通过侵占别人的地盘赚取经验点，同时还内置了照片分享功能。然而，产品的发布并没有带来井喷式的爆发。面对这种尴尬的局面，创始人凯文决定对产品进行改进，他和他的伙伴发现现有的用户对Burbn中的照片分享功能非常感兴趣，他们将这个功能独立出来做成了一个专注于照片分享的App，于是，一款著名的照片分享社区Instagram就诞生了。

Groupon最初只是优惠券出售网站，每天通过出售优惠券为商家和消费者提供一种双赢的服务。随着网站的发展与改进，它一度成为美国最大的团购网站。

Twitter早期只是提供向好友手机发送文本信息的服务，随着对产品的改进，它开创了网络社交领域的先河。

（2）销售部门。销售部门经常与消费者接触，尤其是当产品技术性较强、操作较复杂，需要销售人员提供技术指导时，两者的联系史为密切。销售部门为了更好地售出产品，需要与用户保持紧密的联系，熟悉用户需求，并及时收集用户对产品的意见。收集与产品相关的信息，使销售人员的头脑里蕴藏许多符合用户实际需求的新产品构思以及对现有产品的改进设想，这些想法往往会为企业开发新产品指明方向。

（3）高层管理部门。高层管理部门在审查与调整企业总体经营战略时，可能会得到有关新产品开发的构思，具体途径如图3-10所示。

途径一	在对企业现有产品线和产品组合做出延长、加深或其他调整，以更好地适应市场需求并增强企业竞争实力时，高层管理人员可能构思出新产品，并对新产品的范围与性能制定一个合适的框架。比如，洗发水公司开发出专供婴幼儿使用的刺激性较弱的洗发水，玩具厂拟生产更智慧也更安静的老年人娱乐用品
途径二	在重新审查未执行或已废弃的产品计划中发现新产品构思
途径三	为节约成本和更有效地使用原料，检查生产过程以寻求生产副产品的可能性，从而构思新产品

图3-10 高层管理部门获得新产品构思的途径

（4）企业其他部门。企业员工对本企业产品的性能、优缺点最关注，因为这些直接影响他们自身的经济利益。因此，发动全体员工构思新产品常常能取得良好的效果。调动全体员工参与其中可以采用员工建议制度，欢迎每名员工提出自己的设想。

比如，安排一名构思协调员，负责鼓励员工创新并搜集他们的新构思。

2. 企业外部

企业外部新产品构思的来源如图3-11所示。

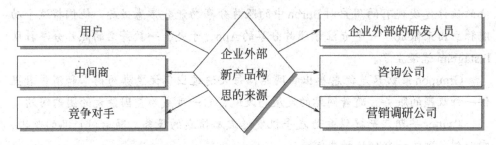

图3-11　企业外部新产品构思的来源

（1）用户。用户是新产品构思主要的来源。用户在使用企业产品的过程中能了解产品的缺点，并针对这些缺点产生改进产品或扩展相关产品的需求。研究证明，大量工业品的新产品构思均源于用户。

业内人士也认为，如果想找到最理想的产品构思，可以通过向用户询问现行产品的使用体验来获得。来自用户的产品构思通常不是完整的产品概念，只包含了产品概念的三个主要方面（需求、形式、技术），但也正是这些不完整的构思点燃了新产品构思之源的火花。收集用户的构思通常可采用用户调查、投射测试、函询、座谈等形式。此外，一些用户在使用产品时的经验也常能激发相关人员的新产品构思灵感。

住在美国旧金山的两位设计师因为交不起房租，将自己住的房子阁楼出租赚取外快。他们不满现有租房网站的设计，便自己建立了一个网站，并提供家庭旅馆的服务信息。在之后的一段时间，他们陆续收到来自全世界各地的旅行爱好者的询问：什么时候可以在一些热门旅行地提供这种服务。发现了这个市场需求后，这两个人将家庭旅馆式服务复制到了其他一些热门旅行城市，这种模式开始风靡全球并成为共享经济的代表，这就是Airbnb最初的发展历程。Airbnb通过发现市场的潜在需求，提供相应服务后开始对用户需求、市场进行验证，在发现潜在价值后大规模地提供服务，从而在国际民宿领域占据了一席之地。

（2）中间商。不同行业的经纪人、推销员、分销商、批发商及零售商都可能成为新产品构思的来源，他们提供的新产品构思对企业也常有较高价值。这些中间商熟悉市场需求，了解现有产品的缺点，他们提出的建议具备较高的开发价值。因此，许多中间商成了消费者的产品使用顾问。

（3）竞争对手。研究竞争对手的产品以改进企业现有的产品，是新产品构思来源的一个重要途径。竞品可能是本公司跳跃式或附加型新产品构思的间接来源，企业可以通过建立正式的程序获取有关竞争者新产品的情况，包括在交易中有意识地收集即将上市的新产品信息及对产品性能与销售情况进行分析。

列夫在1978年提出了一种有5个步骤的方法，具体如图3-12所示。

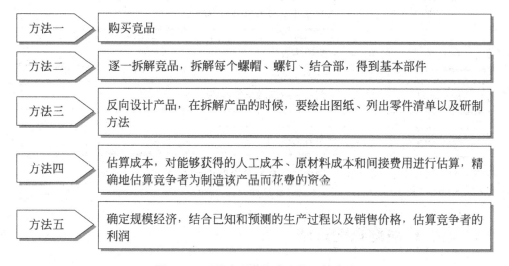

图3-12　利用竞品获取产品构思的方法

（4）企业外部的研发人员。这些人员广泛分布于学校、评议会、商务管理部门、商标局和专利局、国家的企业性援助计划组、大学的研究与创新中心等机构。这些人员的创新程度很高，常常可以提供改进企业产品或创新的灵感。

（5）咨询公司。越来越多的咨询公司已参与到新产品的构思工作中，一些咨询公司甚至专门设立了新产品构思部门，并将产生的构思作为直接产品之一。

（6）营销调研公司。营销调研公司接受用户委托调查消费者的需求状况时，往往会发现一些企业未注意到的市场机会，从而产生新产品构思，代理人需要支付一定报酬以获得这些新产品构思。

二、产品构思的过程

一般来说，新产品构思的过程如图3-13所示。

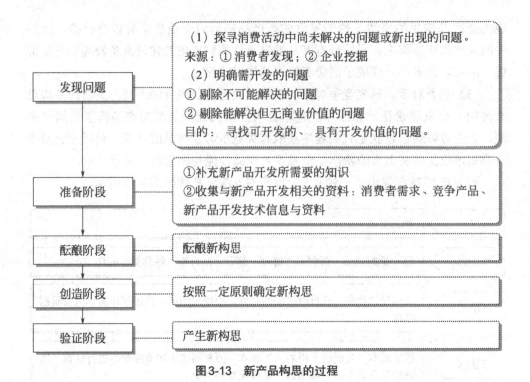

图 3-13 新产品构思的过程

三、产品构思的方法

产品构思的方法一般有以下几种。

1. 头脑风暴法

头脑风暴法，又称脑力激荡法，由 Osborn 早于 1937 年所倡导。是一种集思广益解决问题的方法。大家聚在一起，通过互相作用、启发、酝酿，大量地产生新方案、新创意的方法。

（1）采用头脑风暴法的原则如图 3-14 所示。

图 3-14 采用头脑风暴法的原则

（2）采用头脑风暴法的方法

① 在练习前，主持人先将参加者随机分成数人一组，一般分为四人一组，给每人一张纸、一支笔，然后按图3-15所示的步骤操作。

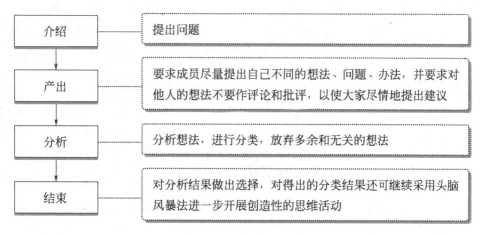

图3-15　采用头脑风暴法的步骤

② 进行中，参加者将各自的想法大声地说给自己的组员知道，并记录自己的想法。

2.列举法

列举法是遵照一定规则罗列研究对象有关方面的各种性质，进而产生设想，诱发创造性设想的技法。常用的方法有表3-1所示的几种。

表3-1　常见的列举法

序号	列举方法	具体说明	举例
1	特征（属性）列举法	（1）选择明确的创新对象，易小不易大 （2）尽可能详尽地列举出需要改进事物的特征。把事物特性用名词（如整体、部分、材料）、形容词（如大小、形状、颜色、性质）、动词（如功能、机理、作用）表现出来 （3）提出可改进的特征或将其他事物的特征移植过来。改变或修改所有的属性，不管多么不实际，只要是能对目标的想法、装置、产品、系统或问题的重要部分提出可能的改进方案	以一个水壶为例，可列出的特性如下。 （1）名词特性 ——全体：水壶 ——部分：壶柄、壶盖、蒸汽孔、壶身、壶口、壶底 ——材料：铝、铜 （2）形容词特性：轻、重、大、小、灰色、银白色…… （3）动词特性：烧水、装水、倒水

续表

序号	列举方法	具体说明	举例
2	缺点列举法	（1）逐一列举缺点 （2）找出主要缺点 （3）找出具有改进价值的缺点 （4）提出改进构想	列举出玻璃杯的缺点：容易碎；比较滑；盛开水后手摸上去很烫手；容易沾上脏物；有了小缺口会划破手；倒上热水后很容易凉；成套的玻璃杯花色相同，喝水人稍不注意就分不清自己所用的杯子……
3	希望点列举法	（1）决定主题 （2）列举主题的希望点 （3）选出所列举的主要希望点 （4）根据选出的希望点来考虑改善方法	列举以"椅子的改进"为主题的希望点：可以旋转、可调节高度、附有书写板等。根据选出的希望点来考虑改善方法，可做出一张具旋转又附带书写板的椅子

3. 综摄法

综摄法是指以外部事物或已有的发明成果为媒介，并将它们分成若干要素，对其中的元素进行讨论研究，综合利用激发出来的灵感，来发明新事物或解决问题的方法。常用的方法有表3-2所示的三种。

表3-2 综摄法

序号	分析方法	具体说明
1	拟人类比	进行创造活动时，人们常常将创造的对象加以"拟人化"。比如，挖土机可以模拟人体手臂的动作来进行设计。它的主臂如同人的上下臂，可以左右上下弯曲，挖土斗似人的手掌，可以插入土中，将土挖起。在机械设计中，采用这种"拟人化"的设计，可以从人体某一部分的动作中得到启发，常常会收到意想不到的效果。现在，这种拟人类比方法，还被大量应用在科学管理中
2	直接类比	从自然界或者已有的成果中找寻与创造对象相类似的东西。比如，设计一种水上汽艇的控制系统，人们可以将它同汽车相类比。汽车上的操纵机构和车灯、喇叭、制动机构等都可经过适当改革，运用到汽艇上去，这样比凭空想象设计一种东西容易获得成功
3	象征类比	所谓象征是一种用具体事物来表示某种抽象概念或思想感情的表现手法。在创造性活动中，人们有时也可以赋予创造对象具有一定的象征性，使它们具有独特的风格，这叫象征类比。象征类比应用较多的是在建筑设计中。比如，设计纪念碑、纪念馆，需要赋予它们有"宏伟""庄严""典雅"的象征格调。相反，设计咖啡馆、茶楼、音乐厅就需要赋予它们有"艺术""优雅"的象征格调。历史上许多名垂千秋的建筑，就在于它们的格调迥异，具有各自的象征

4.设问法

设问法是指通过多角度提出问题,从问题中寻找思路,进而作出选择并深入开发创造性设想的一类技法。设问法中最为典型的方法是奥斯本检核表法,较常用的引申方法有5W2H法、和田12动词法。

(1)奥斯本检核表法。奥斯本检核表法是由美国创造学家奥斯本发明的,是根据需要解决的问题或者进行创造发明的对象列出有关问题,逐个对它们进行分析,从中获得解决问题的方法和创造发明的创意和设想。如表3-3所示。

表3-3 奥斯本检核表法

序号	检核项目	具体说明
1	是否有其他用途?	现有的发明有无其他的用途(包括稍做改革可以扩大的用途)
2	能否应用其他构想?	现有发明能否引入其他的创造性设想,或者有没有可以借用的其他的创造发明,有没有在其他地方见到过类似的发明等。如果现有发明可以引入其他的创造性设想,就可以发明出新的东西来
3	能否修改原物特性?	现有的发明可否改变形状、制造方法、颜色、音响、味道等
4	可否增加些什么?	现有的发明能否扩大适用范围,延长它的使用寿命等
5	可否减少些什么?	现有的发明可否缩小体积、减轻重量或者分割化小等
6	可否以其他东西代替?	现有的发明有无代用品
7	可否替换?	现有的发明能否更换一下型号或更换一下顺序等
8	可否以相反的作用/方向作分析?	现有的发明是否可以颠倒过来用
9	可否重新组合?	现有的几种发明是否可以组合在一起

由于检核表法是先提出问题,再逐个进行分析、检验的做法,所以它不仅有利于照顾到思考问题的全面性,而且有利于新创意的产生。

(2)5W2H法。5W2H法就是从七个方面去设问。这七个方面的英文第一个字母正好是5个W和2个H,所以称为5W2H法。具体如图3-16所示。

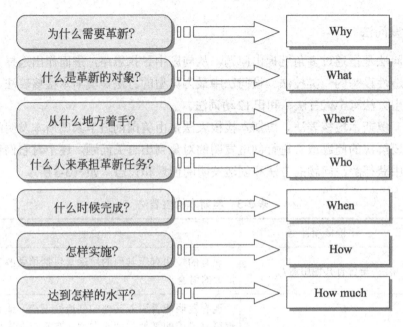

图 3-16　5W2H 法

（3）和田 12 动词法。根据 12 个动词提供的方向去设问，诱发创造性的设想。这 12 个动词是：加、减、扩、缩、变、改、联、学、代、搬、反、定。具体如表 3-4 所示。

表 3-4　和田 12 动词法

序号	动词	具体说明
1	加	现有事物能否增加、加大、加高、加厚？能否叠加？如橡皮+铅笔
2	减	现有事物能减去（简化）些什么
3	扩	现有事物的放大或扩展，如投影电视
4	缩	现有事物缩小或压缩，如袖珍字典
5	变	现有事物改变固有性状，如黑白电视变为彩色电视
6	改	对原有事物不足之处的改进，如防触电插头
7	联	现有事物与其他事物相联系
8	学	对现有事物的模仿
9	代	用其他事物来替代原有事物
10	搬	现有事物移植到另处去应用
11	反	现在事物原理、方法、结构、用途等的颠倒
12	定	对现有事物数量或程度变化的量化

5.属性分析法

属性分析是指将企业某种新产品的属性一一列出，然后寻求改进每一种属性的方法，从而改良这种产品。

不同类型的属性产生不同的属性分析方法。常见的属性分析方法有图3-17所示的四种。

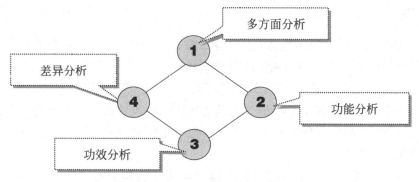

图3-17　属性分析的方法

（1）多方面分析。所有能够影响产品的销售状况、增加市场需求的产品属性及其附加属性，都可能成为产品创新的构思来源点。

比如新的产品材料、新的产品功能、新的产品用途、新的产品质量、新的制造技术、新的产品外观、新的产品商标、新的产品包装、新的产品形象……都可能引起产品特征及其市场变化，这种属性的简单罗列往往是激发新产品开发人员创造性思想的火花来源，它对于企业进行年终产品系列审查尤为有效。

（2）功能分析。产品功能是一种重要的产品要素，不同的产品具有不同的产品功能或用途，一种产品的功能和用途，就是这种产品的使用价值，它是决定产品市场需求量的关键因素之一。因此，在进行新产品构思时，只要能够使一种产品具有新的功能或用途，就意味着实现了产品创新。

实现产品功能创新的方式有图3-18所示的三种。

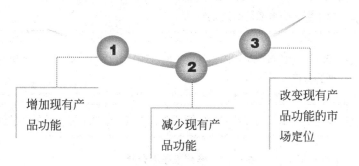

图3-18　实现产品功能创新的方式

（3）功效分析。功效与功能是相区别的，如骑行、降速、拐弯等是自行车的功能，而运输、娱乐、锻炼、刺激性等则为自行车的功效。在功效分析时，消费者或用户把被研究产品的所有功效罗列出来，希望能从中发现尚未意识到的功效和未预计的功效缺损。

> **一点通**　功效分析的方法常具有较强的建设性，特别有利于新产品开发人员更多更深地认识到产品在日常生活中的作用。

（4）差异分析。差异分析研究的是各种产品的属性带给消费者的不同感受，进行这种分析能确定各种产品间的差异。常见的差异分析方法有以下四种。

① 描述性差异。

比如，对螺丝刀的属性描述可以有"小头、长而细的螺丝刀"，也可以有"大头、粗而短的螺丝刀"，这就是不同螺丝刀属性上的差异。研究者会注意到没有"长而粗却是小头的螺丝刀"，对此的解释很简单，因为小头的螺丝刀不需要一个粗柄来施加大的力，在这里，我们很容易就确定了一个差异，但这种结果却没什么价值。

② 决定性差异。产品属性可分为产品不同的属性和产品相同的属性，或者对用户重要的属性或对用户不重要的属性。

上述属性中同为"不同的"和"对用户很重要"这两栏的属性即构成产品的决定性属性。决定性属性是新产品构思的重要参数。

③ 感受性差异。这种分析方法要求用户来决定产品属性，包括他们认为产品有哪些属性以及每个产品的级别，通常采用集中小组法和个别交谈法的形式进行，具体如图3-19所示。

第一步	要求罗列出各类产品的属性
第二步	通过研究者的判断和因素分析中的一些统计技术将属性清单减少到可以处理的程度
第三步	将这些减少了的属性清单发给消费者代表，让他们对目前的产品评分

图3-19　感受性差异分析法

感受性差异分析方法能带来高度的创造性,并且,将消费者代表的评分平均化以后所得到的绘图数据,有助于在新产品构思形成过程中很有用的感受图的绘制。

④ 偏好性差异。偏好性数据一般从消费者那里获得,请消费者对现有产品进行排序或请他们对产品的不同属性排序,可以了解到消费者对产品或产品属性的偏好程度。

比如,我们可能发现消费者很喜欢一种耐久而便宜的蓄电池,但这蓄电池还要没污染,易维修。

针对这些偏好,一个新产品概念就形成了。

6.需求分析法

(1)需求的类型。市场需求纷繁复杂、变化多端,产品经理在构思新产品时,需要针对不同的需求开发新产品。具体如表3-5所示。

表3-5　需求的类型

序号	需求类型	具体说明
1	特定需求	指容易描绘,能被大多数人理解并且适用大多数人的需求。如针对大家远距离交流的需求,人类发明了电话,针对大家钻孔的需要发明了钻头等。针对特定需求的产品特征是质量和设计要被原样出售,因为这两点也十分重要,特定需求很可能预先或在开发过程中调查得出,也可能很容易地从外部找到满足需求的办法
2	模糊需求	这是一种含而不露的需求,是一种我们知道确有其事却因其变化不定而无法定义或定位的需求,模糊需求极难定义,也很难研究。模糊需求常发生在环境出现难以接受的变化时,决策者已经知道应该避免什么却还不知道想要什么的时候。针对模糊需求产品的质量和设计要被原样出售,但这两点却难于事先调查得知。因此发明满足模糊需求的产品在很大程度上依赖灵感和直觉,并且要让顾客在上市阶段积极试用产品
3	订制需求	订制需求是一种很直接的需求,其主体为个别的组织或个人,订制需求的满足要求按顾客的愿望增加或删除某些产品性能从而改进整体产品的概念。针对订制需求而开发的新产品在诞生伊始就要由专业售货员为每个用户或每个用户群提供个别服务。订制需求的特点是一般只需增减产品的某些性能而不必对核心产品作出很大改动
4	变动需求	消费者的需求随时会因为某种或某些主、客观因素的改变而发生变动,这就是变动需求,要满足不断发展变化的需求的确困难重重,针对变动需求开发的产品作为概念必须有价值,有无形资产收益,并要求敬业的专业人员为每个用户或每个用户群提供个别服务

（2）针对需求而进行新产品构思。产品经理可以通过组成表来对需求进行分析。

第一，组成表。产品经理需要设法把某一类产品能够满足的需求全部列出来，但在罗列这些需求时他们常常会发现许多以前所未知的需求。组成表就是一张包含了产品满足需求所有方式的表格，它能使我们看到现有产品的各种变动是如何更有效地满足这些需求的。

第二，需求分析。组成表中所获得的用户需求往往是千差万别的，为此，新产品构思需要对这些需求进行相应的核查与分析。

这一工作可以采用如表3-6所示的"需求分析核查表"的形式进行。

表3-6 需求分析核查表

问题	回答	X分值	Y分值
要满足的需求容易定义吗？	是	低	
	不	高	
有多少潜在顾客拥有这种需求？	成千上万		高
	很少		低
需要多少服务？	很多		低
	很少		高
无形收益重要吗？	非常重要	低	
	不重要	高	
已经有满足这一需求的办法了吗？	有	低	
	没有	高	
满足这一需求的速度如何？	快		高
	慢		低

说明：如果有两个以上低X分值和两个或两个以上低Y分值，那么面临的需求很可能是订制需求；如果有两个以上高X分值和两个或两个以上高Y分值，那么面临的需求很可能是模糊需求；如果有两个以上低X分值和两个或两个以上高Y分值，那么面临的需求很可能是特殊需求；如果有两个以上高X分值和两个或两个以上低Y分值，那么面临的需求很可能是变动需求。

（3）激发以需求为基础的产品创意。一个已经界定了目标需求并希望加速开发新产品的创新小组可以到公司外部寻找解决问题的方法，也可以在创新小组内部获得新的产品创意。小组成员可就问题清单中的一个或两个方案表决，并在此基础上采用逆转创新技巧获得新产品创意。

逆转需求构思技巧的特点是从需求的对立面去进行新产品构思。

比如，观察到的需求为：日光浴者需要一种有效的便携式挡风用具。这一需求的第一个对立面是日光浴者不需要向身上吹冷风的产品。这一对立面设想给我们指明了新产品开发中要避免的事宜。但若从第二个对立面向这一假设挑战，则可以作出日光浴者可能喜欢产生微风的机器这一推断。

采用逆转的构思技巧，新产品设想很容易获得。同时，我们还可以用类比方法来延伸这一技巧。我们可以提问这个问题与什么相似？类似问题在其他环境中是如何解决的？即使类比并不直接，它也能给创新构思增加价值，并且，在另一种模式中重新构建问题的框架往往能带来实现突破的灵感。

7. 关联分析法

关联分析法有以下三种。

（1）强制关联。强制关联的思路如图3-20所示。

图3-20　强制关联的思路

比如：

① 手表与话筒的结合：报时的手表、会说话的手表。

② 手表与动物的结合：动物形状手表、生肖手表。

③ 手表与鲜花的结合：色彩鲜艳手表、可变色手表。

（2）矩阵分析法。是指通过矩阵将两种品种组合在一起，包括确立产品之间、用户之间、零部件之间、使用方式之间的差异。

（3）类推。是指对比不同事物，如从自行车向汽车类推，发明电动自行车。

第三节　构思筛选

并非所有的产品构思都能发展为新产品。虽然有的产品构思很好，但可能与企业的发展目标不符合，缺乏相应的资源条件；而有的产品构思本身就不切合实际，缺乏开发的可行性。因此，产品经理必须对产品构思进行筛选。

一、筛选的目的

从各种新产品构思中，挑选出一部分有价值并经过可行性分析、论证的方案，这个过程就叫筛选。

进行构思筛选的目的如图3-21所示。

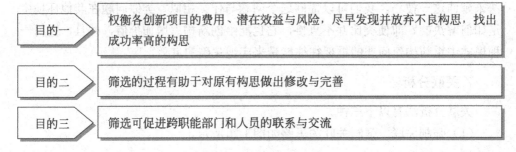

图3-21 筛选的目的

对不同构思进行评分时，评分者往往需要讲述自己评分的理由，产品经理应该认真倾听，因为这是吸取他人经验并增长才干的机会。在这个过程中，产品经理应避免以下两种偏差：

其一，误弃，即放弃了有开发前途的产品设想，失去了成功的机会；

其二，误选，即误选了没有开发价值的产品构想，以致仓促投产，导致失败。

二、筛选的原则

进行构思筛选时应遵循图3-22所示的三大原则。

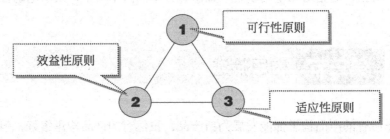

图3-22 筛选的原则

1.可行性原则

可行性包括技术上的可行性、经济上的可行性与政策法规上的可行性。当这三条中任何一条得不到满足时,产品经理都必须舍弃该构思。

2.效益性原则

在确定效益时,产品经理需要市场调研部门的协助进行分析,根据市场调研的结果对市场潜力、回报周期、盈利空间等做出判断。新产品构思方案要能使企业获得效益,如果企业不能获益或获益甚少,就应考虑放弃该构思。

3.适应性原则

新产品开发工作必须与公司现有的研究开发力量、生产力量、销售力量以及用户需求相适应,与公司的长期目标一致,这种适应性是新产品构思能顺利实施的保障。

三、筛选工作程序

构思筛选的工作程序如图3-23所示。

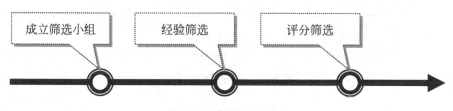

图3-23 筛选工作程序

1.成立筛选小组

筛选小组可以长期设立,也可以临时成立。在选择小组成员时需要考虑图3-24所示的因素。

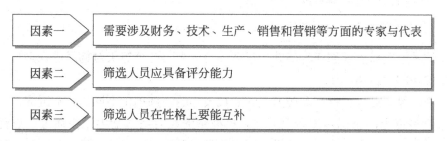

图3-24 选择小组成员时需要考虑的因素

2. 经验筛选

经验筛选又称粗筛，是指由筛选人员根据自己的经验判断构思与企业经营目标、生产技术、财务能力、销售能力是否相适应，把明显不适应的构思剔除，将较合适者留下，并做进一步筛选。

3. 评分筛选

评分筛选亦称精筛，是指利用评分模型对粗筛留下的构思进行评分筛选，依据分值选出下一步开发的对象。评分模型一般包括图3-25所示的四个基本要素。

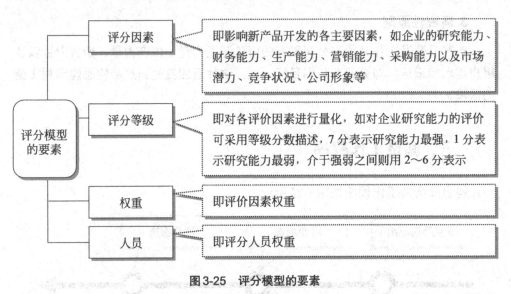

图3-25 评分模型的要素

四、常用的评分模型

常用评分模型有以下三种，即相对指数评分法模型、多设想（或方案）加权评分法模型、市场营销系数评价模型。

1. 相对指数评分法模型

这种模型以直观判断为基础，根据评价因素与评分等级对构思进行筛选，操作步骤如图3-26所示。

产品经理可以根据产品类型、企业规模等的差别确定不同的评价因素。评价因素可多可少，应视具体情况而定。模型中的相对适应能力是指通过构思筛选者的经验，来评定该构思对各评价因素的相对适应能力，适应能力强则开发风险

步骤一 要确立相关的评价因素，通常包括产品质量目标、企业的技术能力、生产能力、销售能力、竞争状况、市场潜力、利润率等

步骤二 根据各个评价因素对企业的重要程度不同给予不同的权重，并把各因素的评分与权重相乘

步骤三 将各评价因素的得分数相加得到该构思的总分

图3-26　相对指数评分法操作步骤

小。如表3-7所示的是根据图3-26所示的步骤对某产品构思按相对指数评分法进行评价的示例。

表3-7　相对指数评分法模型示例

评价因素	因素重要程度	相对适应能力					得分数
		很好（5）	好（4）	一般（3）	差（2）	很差（1）	
市场规模	0.15	√					0.75
市场占有能力	0.15			√			0.45
设计的独特性	0.10		√				0.40
与现有渠道的关系	0.10				√		0.20
与现有产品系列的关系	0.10	√					0.50
质量与价格关系	0.05			√			0.15
是否方便运输	0.05				√		0.10
是否影响现有产品销售	0.05			√			0.15
可靠性	0.05		√				0.20
适应市场周期波动能力	0.03				√		0.06
适应季节波动能力	0.02			√			0.08
现有设备的利用	0.02	√					0.10
现有人员的利用	0.02			√			0.06
原材料的可获性	0.01		√				0.04
附加价值	0.05		√				0.20
用户增长的可能性	0.05		√				0.20
总计	1.00	产品相对系数					3.64

2. 多设想（或方案）加权评分法模型

多设想（或方案）加权评分法模型是对不同的新产品构思进行比较性评价，适用于新产品构思较少的情况。评分因素有以下几点。

（1）市场机会（如市场吸引力），通常要细分为若干因素。

（2）企业的优势（如开发实力与专长），通常要细分为若干因素。

评价步骤如图3-27所示。

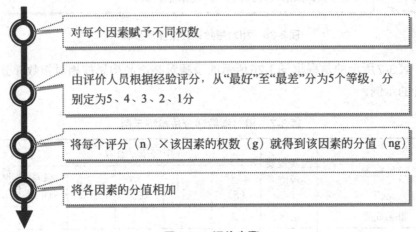

图3-27　评价步骤

表3-8是根据图3-27所示的步骤对某产品构思进行多设想（或方案）加权评分的示例。

表3-8　多设想（或方案）加权评分示例

评分项目		权数(g)	新产品构思							
			构思A		构思B		构思C		构思D	
			评分n	ng	评分n	ng	评分n	ng	评分n	ng
市场吸引力	1.市场占有率	5	5	25						
	2.市场容量	13	5	65						
	3.……	…	…	…			…	…		
	小计	70		240				180		
开发实力与专长	1.研发能力	8								
	2.生产技术专长	7								
	3.……	…	…	…			…	…		
	小计	30		140				80		

为了直观地将各构思的评价结果显示出来,多设想加权评分法通常以市场吸引力为横轴,开发实力和专长作为纵轴,划出九个区间,并根据每个构思的得分将其结果填入相应的区间。表3-8中构思A、B所属区间如图3-28所示。

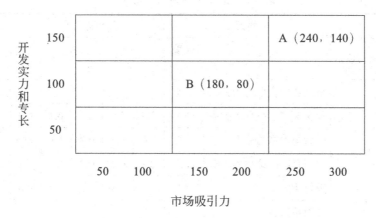

图3-28　多设想(或方案)加权评价矩阵示例

显然,产品构思A所在的区域市场吸引力最大,开发实力和专长最强。

3.市场营销系数评价模型

市场营销系数评价模型是一种多因素、较全面的评价方法。市场营销系数评价模型的运用步骤,如图3-29所示。

步骤一	根据企业规模、产品类型、竞争状况等具体情况确定影响新产品开发的一些主要因素。比如,企业可将影响新产品开发成败的因素确定为产品的可销售性、企业的生产能力、投资水平及市场的增长潜力四大类
步骤二	将各因素细分为若干具体要素,如将产品的可销售性划分为5个要素:与企业销售渠道的关系、与企业产品系列的关系、质量与价格的关系、对现有产品销售的影响、销售能力
步骤三	将每个要素按照适应状况分为很好、好、一般、差、很差
步骤四	各要素与等级确定后,用表格的形式列出各要素、各等级的权重
步骤五	用概率加权的方法将各要素还原为复合系数,得到市场营销系数
步骤六	根据市场营销系数的大小判别新产品成功的可能性,由此确定各构思方案的优劣

图3-29　市场营销系数评价模型的运用步骤

表3-9是根据图3-29所示的步骤对某产品构思进行市场营销系数评价的示例。表3-10为市场营销系数表。

表3-9 市场营销系数评价示例

要因	要因权重D	要素	权重A	各等级权重B					要素等级C C=A×B
				很好	好	一般	差	很差	
可销售性要素	0.49	与企业销售渠道的关系	2.5						
		与企业产品系列的关系	2.5	0.5	0.2	0.2	0.1	0.0	1.25
		质量与价格的关系	2.0	0.4	0.3	0.2	0.05	0.05	0.8
		与现有产品销售的影响	1.5	0.3	0.2	0.2	0.2	0.1	0.45
		销售能力	1.5	0.3	0.3	0.2	0.2	0.0	0.45
		要因系数（E）							∑2.95
生产能力要素	0.30	（1）							
		（2）							
		要因系数（E）							∑2.45
投资水平要素	0.10	（1）							
		（2）							
		要因系数（E）							∑2.25
市场增长潜力要素	0.15	（1）							
		（2）							
		要因系数（E）							∑2.10

表3-10 市场营销系数表

要因	要因权重D	要因系数E	D×E
企业的可销售性	0.49	2.95	1.4455
企业的生产能力	0.30	2.45	0.735
投资水平	0.10	2.25	0.225
市场的增长潜力	0.15	2.10	0.315
市场营销系数			2.7205

第四节 新产品概念的形成与测试

经过筛选后的构思仅仅是设计人员或管理者头脑中的概念，离产品还有相当的距离，还需要形成能够为消费者接受的、具体的产品概念。产品概念的形成过程实际上就是构思创意与消费者需求相结合的过程。

一、什么是新产品概念

新产品概念是企业从消费者的角度对产品构思进行的详尽描述，也就是将新产品构思具体化，描述出产品的性能、具体用途、外形、优点、价格、名称、提供给消费者的利益等，让消费者能一目了然地识别出新产品的特征。也就是说，新产品概念是在新产品实际生产之前，企业想要注入顾客脑中关于新产品的一种主观意念。

二、新产品概念的组成

通常一个完整的新产品概念由图3-30所示的四部分组成。

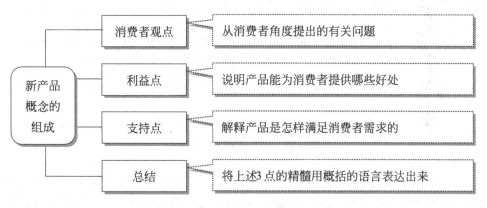

图3-30 新产品概念的组成

产品利益就是产品概念中的利益点，而产品特点就是这里的支持点。那么，产品概念和产品定位有什么关系呢？产品定位中的利益点是形成产品概念的最好来源，但产品概念包含的内容比产品定位更广，通常它含有图3-31所示的四个方面的内容。

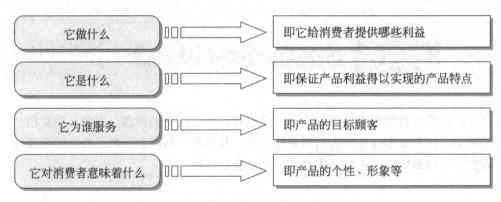

图 3-31　产品概念包含的内容

三、新产品概念形成过程

新产品概念形成的过程亦即把粗略的产品构思转化为详细的产品概念。其形成过程如图 3-32 所示。

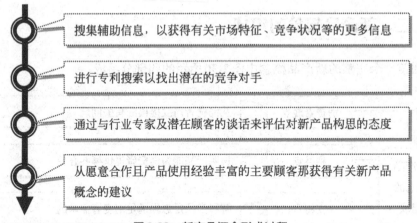

图 3-32　新产品概念形成过程

对于图 3-32 中的这些顾客不一定具有代表性，在某些情况下，仅有少数样本的定性分析就可以开发出新产品概念，有些情况下则需要进行大样本调查才能开发出新产品概念。

比如，通用汽车公司在开发 Aurors 时，项目小组在进行最早设计之前采取抽样调查对全国 4200 名顾客进行了访问，才确定了产品概念。

要知道，任何一种产品构思都可转化为几种产品概念。新产品概念的形成来源于针对新产品构思提出问题的回答，一般通过对以下三个问题的回答，可形成不同的新产品概念。

（1）谁使用该产品？

（2）该产品提供的主要利益是什么？

（3）该产品适用于什么场合？

比如，以净化空气的产品为例，其新产品概念形成过程如下。

首先要考虑的是企业希望为谁提供净化空气的产品，即目标消费者是谁？凡是空气浑浊的地方都可使用这种产品，是针对家庭使用，还是提供给诸如商场、娱乐场所、医院等大型公共场所使用，或者专门用于各种交通工具（火车、汽车、轮船、飞机）内部的空气净化。

其次，净化空气的产品能提供的主要利益是什么？促使室内外空气循环？制造新鲜空气？杀菌？增加氧气？减少二氧化碳？吸收灰尘？

根据对这些问题回答的组合，可得到以下几个新产品概念。

概念1：一种家庭空气净化器，为家庭室内保持清新的空气而准备。

概念2：一种专门为保持火车、汽车、轮船及飞机内空气新鲜的空气净化器。

概念3：一种供大型公共场所使用的中央空气净化器。

概念4：专供医院使用的空气净化器，主要功能在于杀菌。

四、新产品概念测试的目的

新产品概念一旦形成，就必须在一大群消费者中进行新产品概念测试，这群人应该代表未来新产品的目标市场。新产品概念的测试主要是了解消费者对新产品概念的反应，受测试者是消费者，而不是新产品开发团队的人员。进行概念测试的目的如图3-33所示。

目的一	能从多个新产品概念中选出最有希望成功的新产品概念，以减少新产品失败的可能性
目的二	对新产品的市场前景有一个初步认识，为新产品的市场预测奠定基础
目的三	找出对这一新产品概念感兴趣的消费者，针对目标消费者的具体特点进行改进
目的四	为下一步的新产品开发工作指明方向

图3-33　新产品概念测试的目的

五、新产品概念测试的内容

新产品概念测试包括图3-34所示的内容。

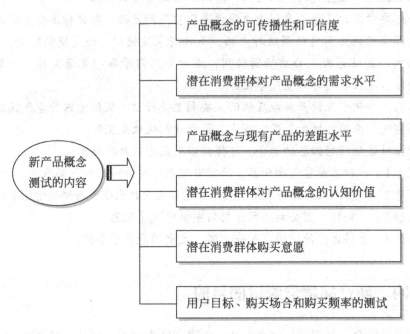

图3-34 新产品概念测试的内容

1.产品概念的可传播性和可信度

即测试消费群体对该产品概念所提供的利益是否清楚明白,是否相信该产品概念所能提供的利益。

2.潜在消费群体对产品概念的需求水平

即测试消费群体对该产品概念的需求程度。消费群体需求愿望越强烈,产品概念成功的可能性越大。

3.产品概念与现有产品的差距水平

即通过测试产品概念与现有产品的差别,来了解产品概念的市场前景。两者之间的差距越大,说明现有产品未满足消费群体需求,潜在消费群体对产品概念的兴趣将越高。

4.潜在消费群体对产品概念的认知价值

即测试消费群体对产品概念所体现价值的反应。相对于价格而言,该产品概念是否物有所值。消费群体对产品的认知价值越高,消费群体的兴趣也越高。

5.潜在消费群体购买意愿

"购买意愿"是指如果产品已经存在,消费群体购买该产品的可能性。这是概念测试的重要部分,但它不应被认为是严格意义的实际销售潜力。原因在于在不涉及具体购买行为,而只需消费群体回答其购买意愿时,消费群体总是过高地估计其购买欲望。

6.用户目标、购买场合和购买频率的测试

即测试谁是目标消费群体?目标消费群体愿意在什么场合购买该产品?该产品使用的频率如何?

六、新产品概念测试的类型

新产品概念测试通常分为图3-35所示的三类。

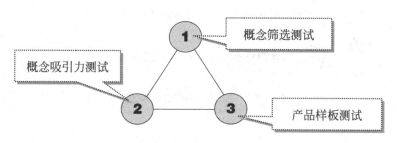

图3-35 新产品概念测试的类型

1.概念筛选测试

在新产品开发的产品概念阶段,可能会产生很多产品概念。筛选测试就是根据消费者对各个产品概念的态度,从众多的概念中筛选出有潜力的、值得进一步详细研究的产品概念。

2.概念吸引力测试

概念吸引力测试就是根据消费者对产品概念的理解和态度,以及对产品特性(如包装、颜色、规格、价格)的反馈,以达到图3-36所示的目的。

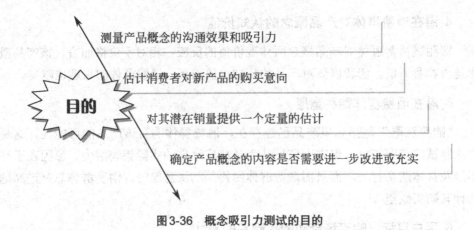

图3-36　概念吸引力测试的目的

3.产品样板测试

所谓产品样板测试就是将这些产品样板及其产品概念放在一起测试，其目的如图3-37所示。

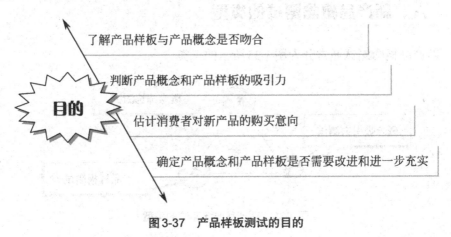

图3-37　产品样板测试的目的

七、概念筛选测试

在新产品开发的产品概念阶段会提出多个产品概念，若对每个产品概念用定性、定量研究方法进行测试，其成本是非常高的。此时，可以采取概念筛选测试方法快速地筛选出几个有潜力的、值得进一步详细研究的产品概念。

1.测试方法

概念筛选测试通常采用配额抽样、街头询问调查的方法。测试步骤如下。

第一步：将每个产品概念各做一张卡，让被访者将所有概念卡分为3沓，一沓是"有兴趣购买的"，另一沓是"没有兴趣购买的"，还有一沓是"说不清有没有兴趣购买／不能确定的"。

第二步：让被访者从"有兴趣购买的"一沓卡中，选出最有兴趣的和第二、第三有兴趣的概念卡，针对每一张卡进行如下询问。

（1）你可以从这个概念卡中获取哪些信息？

（2）概念中的产品是否独特？独特的地方在哪里？

（3）概念是否可信？如果不可信，不可信的地方在哪里？

第三步：从"没有兴趣购买的"一沓卡中，选出第一、第二不感兴趣的概念卡，询问不喜欢的理由。

第四步：询问被访者的信息。

2.分析整理

根据上述问卷的回答数据，从所有的产品概念中筛选出几个有潜力的产品概念，通常有两种方法：市场潜力分析法和非参数统计分析法，在此仅简单介绍前者。

市场潜力分析法是通过把所有概念标注在一个二维坐标图上，评估各个概念的市场潜力，并进一步将这些概念分类。如图3-38所示。

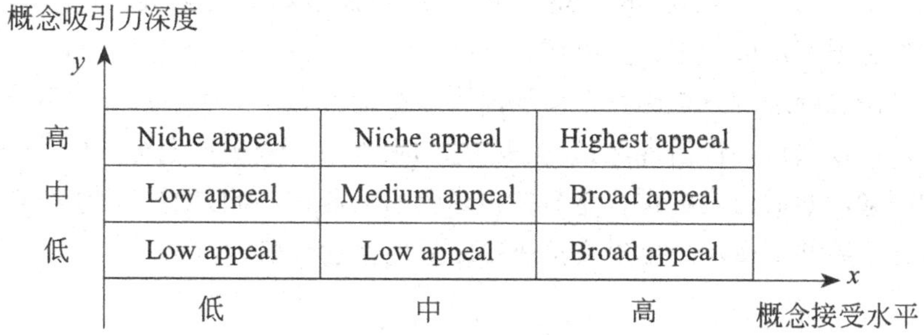

概念吸引力深度

	低	中	高
高	Niche appeal	Niche appeal	Highest appeal
中	Low appeal	Medium appeal	Broad appeal
低	Low appeal	Low appeal	Broad appeal

概念接受水平

图3-38 市场潜力分析法

该图的x轴是概念标注被分到有兴趣购买组的百分比，这个百分比说明每个概念被接受的水平；而y轴是该产品概念被选为最有兴趣和第二、第三有兴趣购买的百分比与该概念被分到有兴趣购买组的百分比之比值，它表示概念吸引力的深度，即：

$$概念甲的吸引力深度 = \frac{概念甲被选为最有兴趣／第二／第三有兴趣购买的百分比}{概念被分到有兴趣购买组的百分比}$$

落在Highest appeal部分的概念接受水平高、吸引力深度高。

落在Niche appeal部分的概念接受水平为中、低，但吸引力深度高。

落在Broad appeal部分的概念接受水平高，但吸引力深度为中、低。

落在Medium appeal部分的概念接受水平和吸引力深度均为中等。

落在Low appeal部分的概念接受水平低，而吸引力深度为中、低，或接受水平中等但吸引力深度低。

运用市场潜力分析法选出几个最有潜力的产品概念后，还要进一步对这些概念的独特性和可信性进行分析，表3-11是被访者认为"非常/较独特""很/较可信"的百分比。

表3-11 概念的独特性和可信性分析表

概念	非常/较独特/%	很/较可信/%
SK	87	95
SN	80	86
SO	85	93
SP	83	90
SA	60	80

从表3-11可知，概念SK、SN、SO、SP不仅市场潜力较高，而且其独特性和可信性也很高，值得进一步测试。

通过概念筛选测试选出几个市场潜力较高的概念，如果所选出的概念个数仍然较多，可以通过定性研究测试这些概念的吸引力，进一步选出少数几个吸引力较高的概念，然后对它们进行定量的概念吸引力测试。如果通过概念筛选测试选出的概念个数并不多，就可以直接进行定量的概念吸引力测试。

八、概念吸引力测试

概念吸引力测试分为定性测试和定量测试两种。

1. 定性测试

定性测试通常可以通过召开小组座谈会进行，其目的是了解消费者对各个产品概念的态度，淘汰不合适的产品概念，对于可以采纳的产品概念，确定其内容是否需要改进和完善，并挑选可以进一步进行定量研究的产品概念。

座谈会召开的步骤如图3-39所示。

第 3 章　产品创意

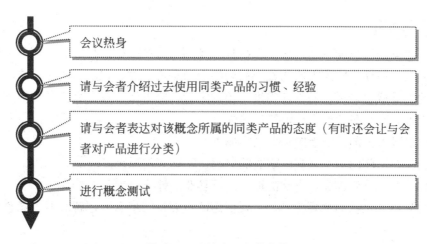

图 3-39　座谈会召开的步骤

座谈会中有关概念测试的内容，可从表 3-12 所述的各项中选择。

表 3-12　有关概念测试的内容

测试内容	问题
对概念内容的即时反应	这个概念给您的第一感觉是什么？对于这个概念，您喜欢什么？不喜欢什么？为什么？
对概念的理解	概念的内容容易理解吗？有什么不理解的地方？
传递的信息	您认为刚才读的一段文字包含的最主要内容是什么？从这个概念看，这个产品能给您带来什么好处？这个产品有什么优点？
可信性	您相信这种产品能给您带来这些好处吗？
独特性	这个产品与市面上的产品一样吗？若一样，与哪些产品一样？若不一样，是什么地方不一样？
替代性	如果不使用这个产品，还可以用什么产品来代替呢？您愿意用它取代您现在用的产品吗？
相关性	这个产品与您有关吗？它所提到的利益与您有关吗？哪些是重要的呢？为什么？
产品的使用者	使用这种产品的是些怎样的人？他们的性别、年龄、职业、收入、兴趣是什么？他们是较时髦还是较保守的，活跃的还是文静的？
对价格的反映	您觉得这个产品值多少钱？为什么？如果每个产品的价格为××元，您的看法如何？与您现在用的产品比较，是贵还是便宜？
购买意向	您有兴趣使用、购买它吗？为什么？

2. 定量测试

小组座谈会的样本通常很小,而且不是利用随机抽样法抽选的,不具有代表性。因此,不能将所测得的结论应用到整个消费者群体。在应用座谈会选出几个较好的产品概念之后,通常还需进一步用定量研究方法,对产品概念进行统计分析,以推断产品概念能否被消费者接受。

定量吸引力测试问卷的主要内容如下。

(1) 对产品的购买兴趣。购买的原因,不购买的原因。

(2) 产品喜欢程度。喜欢的地方,不喜欢的地方。

(3) 概念包含的主要信息、主要信息的重要性、概念的理解难度、概念的可信度。

(4) 对产品的总体评价。

(5) 对产品关键特性的评价。

(6) 产品的独特性(新颖程度)。

(7) 与常用品牌的比较。

(8) 产品的替代程度。

(9) 背景资料。

范例 ▶▶▶

概念吸引力测试分析范例

某公司将在中国推出某种产品,为此该公司首先通过消费者座谈会筛选出该产品的产品概念,然后用定量方法测试这个产品概念的吸引力,以便确定这个产品概念能否进入下一个阶段——产品开发阶段。在概念测试中,还将一并测试在市场上销售成功的竞品的产品概念,并将测试结果进行对比。公司规定被测试的新产品概念必须在3项产品特性(特性3、8、9)上的表现不低于竞争产品,这样才可以进入产品开发的下一个阶段。本次测试的产品概念名称如下。

概念A:新的产品概念;概念B:竞品的产品概念。

(一) 测试问卷

[让受访者阅读概念卡,等阅读完毕后,取回概念卡。]

"现在,我想向您提出一些关于'××产品'的问题,请您根据刚才读到的内容,说出您的真实观点。"

A.购买兴趣

A1.[出示卡片]根据您刚才看到和读到的,您对购买"××产品"的兴趣如何呢?您会_____?(单选)( )

一定会买··5续问A2
可能会买··4续问A2
说不定··3跳问B1
可能不会买···2跳问A3
肯定不会买···1跳问A3

A2.您为什么说一定会买/可能会买"××产品"呢?还有别的原因吗?[记录答案后跳问B1]

A3.您为什么说肯定不会买/可能不会买"××产品"呢?

B.喜欢程度

B1.总的来说,您对所介绍的产品感觉如何?(单选)( )

非常喜欢··5   先问B2,再问B3
比较喜欢··4   先问B2,再问B3
说不上喜欢或不喜欢····································3   先问B2,再问B3
不太喜欢··2   先问B3,再问B2,续问B4
一点也不喜欢··1   先问B3,再问B2,续问B4

B2.(喜欢的方面)请问您喜欢"××产品"的哪些方面呢?

B3.(不喜欢的方面)请问您不喜欢"××产品"的哪些方面呢?

B4.[出示概念卡(概念包含的主要信息),等被访者看过片刻后,收回概念卡,再开始提问。]您认为刚才您读过的一段文字中包含的最主要的一项内容是什么?

B5.[出示主信息卡(主要信息的重要性),并出示卡片。]

B6.请仔细读一下这张卡片上的文字。请问上面的这条信息对您来说,重要程度如何呢?(单选)( )

非常重要···5
比较重要···4

无所谓重要不重要……………………………………3
不太重要……………………………………………2
一点也不重要………………………………………1

C.理解难度

C1.[再次出示概念卡]总的来说,您认为理解这段文字的难易程度如何呢?(单选)( )

非常容易理解………………………………………5
比较容易理解………………………………………4
既不难也不容易……………………………………3
有点难理解…………………………………………2
非常难理解…………………………………………1

C2.请问这张卡片上关于"××产品"的描述,哪些地方您认为难以理解?[追问]还有呢?还有呢?

D.可信程度

D1.[出示卡片]总的来说,您认为这些描述的可信度如何呢?(单选)( )

非常可信……………………………………………5
比较可信……………………………………………4
有些可信,也有些不可信…………………………3
不太可信……………………………………………2
非常不可信…………………………………………1

D2.对于这些描述,哪些地方您认为非常不可信呢?

E.总体评价

E1.[出示卡片]总的来说,您认为这些描述所介绍的产品怎么样呢?(单选)( )

非常好………………………………………………5
比较好………………………………………………4
一般/还算可以……………………………………3
比较差………………………………………………2

非常差……………………………………………………………………1

E2.[出示大卡片及特性卡片（16张）]

对产品各特性的评价：

现在，通过刚才您所看到的照片和文字描述，我想知道您对"××产品"特性的看法。

我将读出一些描述"××产品"的句子，请告诉我您对它们的认同程度。

[逐张出示特性卡片，如下表所示]

特性统计结果表

特性	非常同意	比较同意	有些同意，也有些不同意	不太同意	非常不同意
特性1	5	4	3	2	1
特性2	5	4	3	2	1
……	5	4	3	2	1
特性16	5	4	3	2	1

F.产品的独特性

F1.[出示卡片]总的来说，您认为"××产品"同市面上其他牌子的产品相比，独特性如何呢？（单选）（　　）

非常独特……………………………………………………………………5
比较独特……………………………………………………………………4
说不上独特不独特…………………………………………………………3
不太独特……………………………………………………………………2
根本不独特…………………………………………………………………1

F2.与常用品牌的比较（同F1）

F3.[出示卡片]总的来说，您觉得"××产品"与您最常用的产品相比怎么样呢？（单选）（　　）

比我常用的牌子好很多……………………………………………………5
比我常用的牌子好一些……………………………………………………4
和我常用的牌子差不多……………………………………………………3

比我常用的牌子要差一些……………………………………2
比我常用的牌子差很多………………………………………1

F4.您为什么会这样认为（读出F3的答案）呢？
[查看A1的答案，如果被访者在A1中回答了"一定会买"或"可能会买"，则问F5]

F5.[再次出示概念卡给被访者阅读，阅读完毕，取回概念卡，然后开始提问]根据您刚才看到和读到的，您对这种"××产品"的使用情况会是怎样的呢？（单选）（　　）
用它完全替代我常用的牌子………………………………3
把它与我常用的品牌交替使用……………………………2
除了用我原来常用的牌子外，偶尔用一用它……………1

F6.那么您为什么会这样做（复述F5的答案）呢？

（二）数据分析

数据分析要按照吸引力测试的研究目的进行。

1.产品概念的沟通效果

沟通效果可以从被访者"能正确回答概念中的主要信息"的百分比、"主要信息非常/比较重要"的百分比、"概念比较容易理解"的百分比，以及"概念比较可信"的百分比这4个方面进行分析。下表是本例中所测试的两个概念的百分比统计结果，这两个概念的沟通效果是比较好的，经过统计检验可知，除了在"概念非常/比较容易理解"上，概念A低于概念B外，两者在其余3项上的表现没有显著差异。

由于概念B产品的销售业绩甚佳，因此可以预见，若概念A能在让消费者容易理解的方面稍加改进，其沟通效果肯定会得到提升。

产品概念的沟通效果统计结果表

项目	概念A	概念B
能正确回答概念中的主要信息	70%	72%
主要信息非常/比较重要	74%	73%
概念非常/比较容易理解	91%	99%
概念非常/比较可信	78%	72%

2.概念的吸引力

吸引力可从非常/比较喜欢概念、总体评价非常/比较好、非常/比较同意产品具有某一特性、产品非常/比较独特、比我常用的牌子好很多/好一些、用它完全替代我常用的牌子、把它与我常用的品牌交替使用等百分比进行分析。

下表是本例中这两个概念的百分比统计结果,这两个概念的吸引力均较强。经过统计检验可知,概念A在独特性及"用它完全替代我常用的牌子"上稍低于概念B,而在产品特性15上稍高于概念B,在其余各项上两者没有显著差异。特别是产品概念A在产品特性3、8、9上的表现和产品概念B的表现相同,因而它可以进入产品开发的下一阶段。

概念的吸引力统计结果

项目	概念A/%	概念B/%
非常/比较喜欢概念	73	75
总体评价非常/比较好	72	75
产品非常/比较独特	65	80
比常用品牌好很多/好一些	71	78
用它完全替代我常用的牌子	13	22
用它与我常用的品牌交替使用	53	51
除了用我原来的牌子外,偶尔用一用它	34	27
非常/比较同意产品具有特性1	72	76
非常/比较同意产品具有特性2	39	37
非常/比较同意产品具有特性3	67	66
非常/比较同意产品具有特性4	71	68
非常/比较同意产品具有特性5	66	65
非常/比较同意产品具有特性6	55	60
非常/比较同意产品具有特性7	59	64
非常/比较同意产品具有特性8	74	79
非常/比较同意产品具有特性9	82	80
非常/比较同意产品具有特性10	56	51
非常/比较同意产品具有特性11	39	33
非常/比较同意产品具有特性12	58	59
非常/比较同意产品具有特性13	81	81
非常/比较同意产品具有特性14	59	57
非常/比较同意产品具有特性15	58	49
非常/比较同意产品具有特性16	68	69

此外，通过对比总体评价与对产品各特性的评价之间的相关关系，可以找出产品的哪些特性对概念的吸引力起着关键的作用。在本例中，特性1、2、4、8、9、10、11、12、13、14、15、16均对概念A的吸引力有作用，其中特性8、9的作用较大。特性3、4及6、7、8、9、10、11、12、13、14、15、16均对概念B的吸引力有作用，其中特性9、13的作用较大。

3.产品的购买意向

在产品概念测试中，最难处理的是购买意向问题，例如，某一产品概念测试其购买意向的结果，如下表所示。

购买意向的统计结果

项目	回答人数百分比/%	
	概念A	概念B
一定会买	38	32
可能会买	34	35
说不定	17	20
可能不会买	6	7
肯定不会买	5	6

通常用top box（回答一定会买的人数百分比）或top two box（回答一定/可能会买的人数百分比）来度量购买意向。然而，这种购买意向数据只是被访者当时购买意向的体现，并不能说明将来的购买情况。为此，通常采取在新产品概念测试中，将已在市场上成功销售的老产品一并测试，以便将测试结果进行对比，规定所测试的新产品在一定/可能会买的百分比上不低于老产品，才能进入产品开发的下一阶段。

本例中，回答一定/可能会买的人的百分比：概念A为72%，概念B为67%，概念A与概念B的差异不显著，因而可以进入产品开发的下一阶段。

4.概念需要改进的地方

通过分析被访者不购买的原因、不喜欢的地方、难以理解的地方、难以想象的地方、比常用品牌差的地方、仅是偶尔用一用它的原因以及评价不好的产品特性，就可以发现产品有哪些地方需要改进。

此外，在分析上面4个方面时，还须与用户的背景资料做交叉分析，指出不同背景的用户在上述4个方面的表现有什么差异。

在本例中，通过统计检验可知，用户对产品概念A的喜欢程度，在男女性别上存在显著差异,而在与最常用品牌的比较上,在男女性别、未婚与已婚上存在显著差异,如下面两表所示。

产品概念A的喜欢程度差异统计表

项目	男	女
非常/比较喜欢	48.50%	79.70%
说不上喜欢不喜欢	20.10%	19.30%
不太/一点也不喜欢	31.40%	1.00%
合计	100.00%	100.00%

"与最常用品牌的比较"差异统计表

项目	性别		婚姻	
	男	女	未婚	已婚
比我常用的牌子好很多/好一些	46.80%	74.50%	50.50%	75.00%
和我常用的牌子差不多	26.80%	23.50%	34.80%	22.20%
比我常用的牌子要差一些/差很多	26.40%	2.00%	14.70%	2.80%
合计	100.00%	100.00%	100.00%	100.00%

九、产品样板测试

产品样板测试的主要目的是了解产品样板是否已很好地将产品概念转变为实物,因此,在测试产品样板时须同时测试产品概念。

> **一点通**
>
> 产品样板测试应由同一批被访者对产品样板与产品概念进行回答,此外,测试问卷中询问产品概念的问题和询问产品样板的问题必须一致,以便将结果进行比较。

产品概念和产品样板的沟通效果、吸引力、购买意向和需要改进的地方等测试方法与吸引力测试类似,而产品样板与产品概念是否吻合的测试可以从以下两个方面来分析。

（1）对购买意向、喜欢程度、独特性三项，比较概念测试和样板测试的结果是否有显著差异。

（2）产品样板与产品概念非常/比较吻合的百分比，可以从另一角度了解样板是否很好地将产品概念转变为实际。

通过这两方面的分析就可以知道产品样板是否满意。如果满意，则可以将产品投入下一阶段的开发；如果测试结果是不利的，这时要分析产品样板是否可以改进。如果可以改进，则应该改进；如果无法改进，则只能放弃产品。

同时，进行数据分析时还可以将消费者分为图3-40所示的四类。

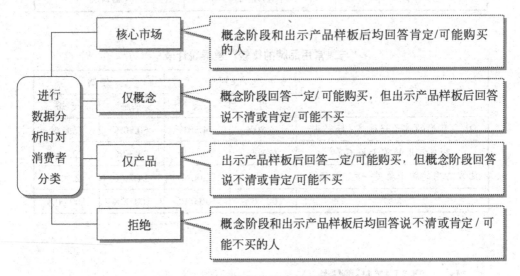

图3-40　进行数据分析时对消费者分类

通过分析这四类购买者的人口统计特征及当前产品使用状况，可以分析消费者接受产品的根本原因以及在产品的哪些方面作改进，可以促使消费者接受产品。

第4章

产品定义

导言：

发现了潜在的市场机会，初步确定了产品概念，接下来把这一产品概念落实到具体上市行为之前一定要做严格的可行性评估。

第一节 市场分析

市场分析是对产品所在的市场进行宏观、微观、竞争态势、市场规模的分析。

一、获取行业分析报告

通过获取行业分析报告并对其中的内容进行解读,是市场分析最简单、快速的方法之一。行业分析报告一般由专业的第三方市场研究公司编写并对外发布,这类报告分为免费和付费两种类型,付费的报告所涵盖的内容会更加详细、具体。

行业分析报告可以了解行业的一些具体信息,包括以下几个方面。

(1) 行业的背景、政策、布局、生命周期,该行业在整体宏观产业结构中的地位以及未来的发展、演变方向。

(2) 行业市场的特征、竞争情况以及成长性。

(3) 行业在不同成长阶段的竞争策略、市场模式及给行业内企业提供的一些建议。

二、PESTLE分析法

PESTLE分析法是根据PEST分析要素进化而来的,它在原有的分析基础上加入了两种考虑因素。PESTLE分析又称大环境分析,是分析宏观环境的有效工具,不仅能够分析外部环境,而且能够识别一切对组织产生冲击作用的影响因素,如图4-1所示。

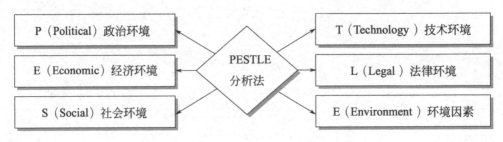

图4-1 PESTLE分析法

1. P（Political）政治环境

政治环境包括国家制度，政府方针、政策以及法令等。不同的政治环境对不同行业的发展有不同的影响。

2. E（Economic）经济环境

经济环境包含宏观和微观两个方面。宏观方面指一个国家的经济发展情况、国民生产总值以及国民收入等；微观方面指所期望进入的行业的目标消费者的收入水平、消费行为、消费习惯等。产品经理可通过经济发展情况判断行业的未来发展。

比如，以付费购买为主要盈利方式的产品，在进入市场前需要着重考虑目标消费者的消费能力、消费行为及习惯，判断产品进入市场能否吸引足够的用户去购买。

3. S（Social）社会环境

社会环境包含一个地区的居民教育程度和文化水平、风俗习惯、价值观等。不同价值观的居民对产品的认同不同，社会环境对产品进入市场后的一系列活动能否顺利进行产生影响。

4. T（Technology）技术环境

技术环境包含行业内技术的成本和发展速度、技术专利以及发展走势。产品经理通过了解技术的发展情况，判断产品进入市场后是否有足够的竞争力。

比如，VR和AR技术帮助一些高科技公司在进入行业后凭借技术优势快速占领市场。

5. L（Legal）法律环境

法律环境包含国家和所在地区的法律法规以及相关行业的法律法规。了解相关的法律环境，知道什么可以做、什么不可以做。

6. E（Environment）环境因素

环境因素包含行业内相关企业的规模、竞争情况，受到相关行业以及企业未来的发展空间的影响。

一点通

利用PESTLE分析法，产品经理可对行业以及行业周边的六大因素进行详细分析，判断构思与市场以及大环境是否匹配。如果无法匹配大环境，就说明构思还需要改进。

三、SWOT分析法

SWOT分析法就是通过对企业内部以及外部因素的分析，判断产品是否有足够的能力进入市场，同时制定合适的战略，如图4-2所示。

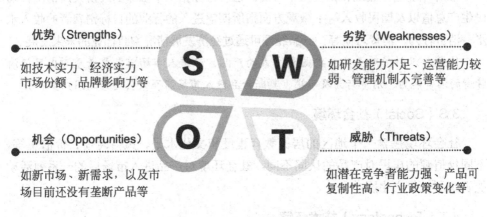

图4-2　SWOT分析的4个维度

通过对上述4个维度进行分析，了解企业自身定位以及行业前景，产品经理就可以制定产品设计以及进入市场的相关战略。总而言之，战略的原则是发挥优势、克服劣势、抓住机会、化解威胁。

> **范例** ▶▶▶
>
> ### Best Product的PESTLE分析与SWOT分析
>
> **1. 产品背景介绍**
>
> Best Product是一款对产品进行点评的产品，也可以理解为一款产品界的大众点评产品，它主要面向的对象是产品开发领域的新手。这款产品可以让用户在不同维度对产品进行点评，培养用户的产品思维以及产品能力。
>
> 在诞生之初，Best Product运用了PESTLE以及SWOT分析法对产品行业以及企业自身能力进行了科学的分析。
>
> **2. Best Product的PESTLE分析**
>
> Best Product的PESTLE分析如下图所示。

PESTLE分析

图注说明：现象级产品指的是在短时间内突然爆红，但难以维持长期发展的互联网或移动互联网产品。

结论：通过对市场以及行业大环境的分析，在目前的互联网行业火热以及产品经理目标人群体量较大的背景下，Best Product可以作为一款亮点产品打入市场。

3.Best Product的SWOT分析

Best Product的SWOT分析如下图所示。

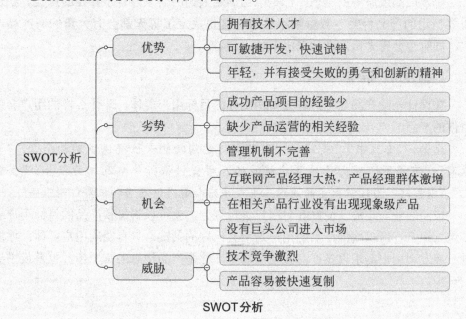

SWOT分析

通过对自身内部和外部因素的分析，优势是技术门槛较低而且拥有优秀的技术人员，劣势就是成功开发产品的经验较少。目前，市场上的机会和威胁是相对的，没有垄断产品的诞生，也就意味着一旦这个行业出现新产品，市场就会被占领。所以，在进入市场前期，要通过优秀的产品迅速占领市场，在后期则需要通过合作等方式消除或减弱威胁。

第二节 产品分析

通过对行业和市场的内外部环境分析，产品经理对新产品的设计、研发已经找到了明确的思路。接下来要分析的是产品的三大核心要素：用户、需求、场景。

一、用户分析

1. 产品因需求而存在

每款产品或服务的出现，都是因为满足人们的需求而有了存在的意义。我们需要使用的产品种类、数量数不胜数，这也决定了每天都会有大量的新产品产生，同时也会有大量的产品退出市场。

2. 细分用户群体

在设计一款产品之初，首先要明确你的目标用户群体，即什么样的用户会使用你的产品。

比如，"小红书""美丽说"为时尚、爱购物的女性提供了购物平台，"马蜂窝""穷游网"致力于为喜欢旅游的人群提供旅行攻略及相关服务，"去哪儿""携程网"为经常出差的商旅人士或旅行人群提供酒店和机票订购服务。

按照职业、年龄、爱好等对用户进行划分，就可以将每款产品的目标用户群体重新组合，所以找准产品的用户是所有问题的关键。只有明确用户群体，才能进一步发现用户需求以及产品的使用场景，这是产品构思的第一步，也是最重要的一步。

二、需求分析

1.需求的层次

马斯洛需求层次理论将人的需求分为5个层次，分别是生理需求、安全需求、社会需求、尊重需求和自我实现需求，如图4-3所示。针对不同层次的需求，企业可以提供不同的产品/服务。

图4-3 马斯洛需求层次理论

（1）生理需求。包括对呼吸、水、食物、睡眠等的需求。只有这些需求得到满足，人类的生理机能才能正常运转，才能生存下去。生理需求是推动人们行动首要的动力。

（2）安全需求。安全需求包括对人身安全、健康保障、工作保障、家庭安全等的需求。

（3）社会需求。包括对友情、爱情等亲密关系的需求；归属的需求，即人对归属于一个群体并成为其中一员的需求。

人们都希望得到照顾。感情上的需要比生理上的需要更复杂，它和一个人的生理特性、经历、教育等有关系。

（4）尊重需求。包括对自我尊重、信心、成就、对他人尊重、被他人尊重的需求。

马斯洛认为，尊重需求得到满足，能使人对自己充满信心，对社会满怀热情,并体会到自己活着的用处和价值。

(5)自我实现需求。是指对道德、创造力、自觉性、问题解决的能力、公正度、接受现实的能力等的需求。

只有较低层次的需求得到满足之后,较高层次的需求才会成为新的动力。这些需求是与生俱来的,不会随着社会的改变而变化,即需求是不变的,变的是满足需求的产品。

比如,为了移动得更快,人类逐步开发了马车、自行车、汽车、火车、飞机;互联网产品更好地满足了目标用户的某些需求,从而在商业上获得成功;购物网站让人们更便捷地买到东西;音乐软件让我们随时随地都能听到高品质的音乐;有关读书的应用能满足我们的求知欲。

2.需求的特点

需求具有图4-4所示的特点。

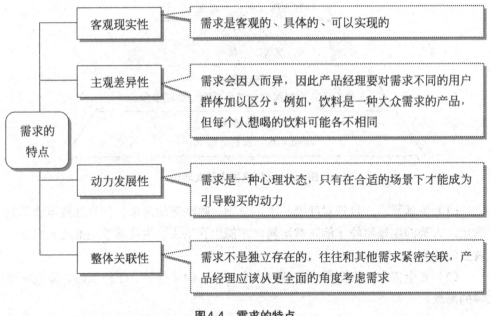

图4-4 需求的特点

3.需求在产品开发中的作用

需求在产品开发中的作用体现在图4-5所示的三个方面。

产品就是人类为解决某个问题而提出的解决方案。随着时代的发展,满足需求不仅是为某个单一的问题寻找解决方案,还包括对现有的解决方案进行升级。

作用一	需求是功能设计、内容制作的出发点和方向
作用二	需求对交互设计起指导作用
作用三	需求对最后的产品起评估作用，评估产品是否满足了原本的需求

图4-5 需求在产品开发中的作用

比如，Keep的火热是因为它将健身房搬进了每个人的家中，让人们在家中就可以健身，是对健身房的升级。滴滴以及共享单车的流行不仅是因为改变了传统的出行方式，还因为提供了出租车、传统租赁单车的升级。

所以，在互联网时代，产品不仅要解决用户的现有问题，还应该设计能升级用户需求的解决方案，更好地解决用户的问题。理解用户需求越深，离优秀的产品越近。

4. 需求的来源

获取需求的来源主要有3类：直接从用户处获取、查阅资料获取、通过自己的思考去挖掘，如图4-6所示。

| 来源一 | 直接从用户处获取 |

该来源包括但不限于以下方式：用户访谈（如用户深度访谈、电话、街头狙击、焦点小组等）、问卷调查、意见反馈、可用性测试（如卡片分类、A/B测试、屏幕录像、眼动跟踪、专家评审等）、现场调查、任务分析

| 来源二 | 查阅资料获取 |

该来源包括但不限于以下方式：查阅行业专家的言论、相关网站资料（如数据网站、数据报告等）、运营数据、竞品分析资料

| 来源三 | 通过自己的思考去挖掘 |

通过自己的思考去挖掘包括积累产品感觉、分析使用日记、进行KANO模型分析、从人性角度进行分析、根据马斯洛需求层次理论进行分析

图4-6 需求的来源

5. 需求的挖掘

需求的挖掘方法与产品构思的方法大同小异，详情见本书第三章第二节第三点"产品构思的方法"。

6. 需求的筛选

通过上述各种途径获取用户需求之后，产品经理接下来要确认这些用户需求是不是产品需求。需求筛选的步骤如下。

（1）筛选掉明显不合理的需求。如果销售的是水果、饮品和生鲜产品，让商家提供VR技术帮助用户挑选和购买水果、饮品和生鲜产品，考虑到目前的技术水平，这个需求就是明显不合理的需求，可将其直接排除。

（2）提炼用户的真正需求。排除明显不合理的需求之后，再分析那些合理的需求。产品经理要学会挖掘用户真正的需求。

最经典的就是福特和马车的案例。福特问用户需要什么，用户回答说"较快的马车"。如果只着眼于用户提出的需求，你就做不出伟大的产品。福特无疑是位厉害的产品经理，他能发现用户真正的需要，并分析产品需求：用户需要的是更快地到达目的地，所以应该制造一个更好、更快的交通工具——汽车。

> **一点通**
>
> 要想从合理的用户需求中挖掘出产品需求，产品经理需要对用户的真正需求有深刻的洞察，对行业有足够的了解。此外，学习心理学等相关知识能对需求分析起到举足轻重的作用。

（3）去掉不符合产品定位的需求。产品经理提炼产品需求之后，将其和产品定位进行对比，会发现有些产品需求不符合产品定位，此时要果断排除这部分需求。

以销售水果、饮品、食材的垂直电商为例，如果用户希望能在该平台上买到合适的衣服，那么这个需求就不符合产品定位，可以果断排除。

筛掉不合理的需求、提炼用户的真正需求、去掉不符合产品定位的需求，经过这三步，产品经理就可以得到产品的真正需求。

相关链接　　BRD——商业需求文档

产品经理或者产品总监发现市场存在的一个潜在产品需求后，通常会通过BRD向公司高层汇报以获取公司的各种资源支持，同时根据BRD中提到的产品需求建立独立的产品或产品线，并开展产品立项、设计、研发等一系列的产品流程。

1. BRD的受众

BRD通常被用来向高层汇报或者向合作伙伴介绍产品。高层或合作伙伴通常关注的是产品的潜在市场、盈利模式等关键问题，而对产品细节不会太在意，所以产品经理在撰写BRD时要强调人们关注的问题。

2. BRD的内容框架

BRD的内容框架，如下表所示。

BRD的内容框架

内容项目	说明
背景分析	主要说明产品开发的缘由是什么，做这款产品要达到什么目的，是为了赢利、抢占先发优势、打造品牌的知名度，还是为了在某个领域不落于其他竞争者。不同的产品会承载不同的使命，也会受到不同程度的资源倾斜
市场分析	对要进入的市场进行思考分析，可以从存量市场和增量市场两个角度来看待：哪些体量巨大的市场有未被充分满足的需求，并能从中挖掘新的商机；哪些规模较小的市场增速极快，可能产生新的商机
行业现状	对行业现有的产品模式进行分析，看看行业现有的产品形态都有哪些，不同形态的产品目前的发展现状如何，盈利模式又是怎样的。不同形态的产品，标杆产品是什么，标杆产品的差异化价值体现在哪里
初步定位	结合行业的特点和竞争格局，再结合企业的资源初步确定企业能做什么，不能做什么，以及以什么样的产品形态作为切入点。通常情况下，做什么或者不做什么都是由企业的优势决定的。例如，如果公司是技术导向型的，那么在其技术领域内的产品会很有优势，这样既能发挥企业自身的优势又能筑造竞争壁垒，防止竞争者跟进；如果公司开发的是一个本身技术不高，却需要强大运营团队的产品，那公司的优势就没有得到发挥，反而使劣势体现出来，从而导致产品出问题。所以，公司在研发新产品的时候不仅需要考虑市场需求，还要综合考虑自己擅长做什么，不擅长做什么
竞品分析	有了初步的产品定位之后，可以通过自定义的两个维度及四象限矩阵法进行竞品分析。竞品中有与之构成直接竞争关系的产品，也有因目标用户群体相同而与之构成间接竞争关系的产品，以及一些与之构成潜在竞争关系的产品。这里的竞品分析是分析竞品的主要功能、特色亮点以及竞品背后的公司团队和资源，并充分发现竞品的劣势
用户分析	对目标用户进行分析，通过确定目标用户的年龄、性别、地域、职业、收入、兴趣爱好等属性，确定目标用户的价值观和使用习惯。另外，还需要深入挖掘用户的动机与需求，只有深入了解了用户的痛点、使用习惯和使用场景，产品经理才可能给出最合适的解决方案

续表

内容项目	说明
精确定位	产品定位一定要结合用户需求以及自身的优势资源,给出差异化的定位,即能够达到"人无我有,人有我优"的目标,给用户一个选择我们的产品而不是竞品的理由。如果产品的差异化并不是很明显,那么产品经理就需要为产品打造爆点
盈利模式	结合产品的特点探究行业内成熟的盈利模式都有哪些,哪些盈利模式是可以直接借鉴的,现阶段的盈利模式是什么,将来可能的盈利模式是什么,在产品的哪些地方可以添加盈利模式的,如何验证盈利模式的可行性
成本与收益	对于该产品而言,需要投入什么样的人力、物力、财力,又能够获得什么样的收益;对于类似的产品,可以借鉴竞争者的数据或者行业平均水平的数据,来充分说明项目的投入与产出;对于全新的产品,由于没有可值得借鉴的数据,此时的收益比较难以量化,进行定性分析是较好的选择
风险与应对	风险有两种,分别是内部风险与外部风险;应对措施则有4种,分别为规避风险、转移风险、降低风险和接受风险。不同风险发生的概率和造成的影响也是不同的,对发生概率较大或者影响程度较大的风险应提前准备应对措施

3. BRD的核心要点

BRD中的具体内容应根据不同公司或者不同产品的要求而有所不同,产品经理编制BRD时要根据具体情况抓住核心点,即说明:为什么做这个产品?做什么?如何做?优势是什么?

三、场景分析

场景赋予产品以意义,这是产品设计的要旨,离开了产品所使用的场景,产品本身将失去其存在的价值。

1. 场景的概念

"场景"是近年来互联网行业比较热门的一个词,它是一个多维度的概念。可以通过空间和时间两个维度解释场景:用户在什么时间、什么地点(环境)使用产品。不同的场景对产品的要求是不同的。

试想用户打车到达目的地付账的场景,一般用户打车出行是为了方便、快捷,如果一款打车软件在结账时要经历"司机确认结束→乘客确认→乘客选择支付方式→乘客付款"的复杂流程,相信乘客更愿意选择一种方便的方式。滴滴、Uber等打车产品在付款场景设计中,让产品直接从用户预先设定好的账户中扣款,这样用户在到达目的地后直接下车即可,省去了付钱的环节,极大地方便了对产品的使用。

产品经理在设计产品之前,应了解用户使用产品的场景,针对场景设计产品功能、流程,让用户用得方便、用得开心。

2.场景是用户与产品交互的过程

场景就是用户在使用产品时的一个特定的时间和特定的空间,具体来说就是用户与产品之间交互的环境。用户为了实现某项任务完成了哪些行为,经过了哪些流程,遇到了哪些问题,又是如何解决的,如果了解了用户与现有产品或现有方案在场景下的交互过程,产品经理就可以在新产品的设计过程中有针对性地对产品的功能、流程进行优化,打造一款更符合用户需求的产品。

3.场景分析的维度

场景分析的关键就是准确地定义客户需求的场景,挖掘或充分利用用户在场景中的需求,找出在该场景下最好的产品形态。产品经理可从图4-7所示的五个维度来进行场景分析。

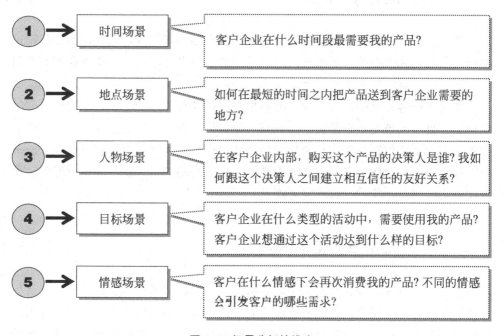

图4-7　场景分析的维度

> **一点通**
>
> 用户、需求、场景是产品设计的核心三要素,三者之间存在着紧密的联系。产品诞生的意义就是为了满足某一群用户在某种场景下的某种需求。产品经理只有将产品的目标用户、用户需求以及使用场景这3个方面研究透彻,才能设计出一款好产品。

第三节 产品定位

通俗地讲,产品定位是确定企业的产品在潜在顾客或消费者心目中的形象和地位,即企业对选择怎样的产品特征及产品组合以满足特定市场需求的决策,这是新产品设计首先应明确的问题,它是企业生产经营活动的基础。

一、产品定位的核心

新产品定位是针对产品开展的,其核心是产品为其服务。因此,新产品定位要针对当前的和潜在的顾客需求,开展适当的市场调查活动,以使其在顾客心目中得到一个独特的有价值的位置。

在潜在顾客心目中,每一种产品类型都存在某种无形的阶梯,在阶梯顶端的是他们心目中的市场主导品牌。做好新产品定位,就是为你的产品在这个阶梯上找到一个合适的位置。新产品定位的功能是,产品若能针对单一利益而设计——亦即针对该利益群体来定位,必能更努力满足市场的需求。新产品定位准确,所设计出来的产品才能被市场消费者接受。

二、产品定位包括的内容

新产品定位过程是细分目标市场并进行子市场选择的过程。这里的细分目标市场与选择目标市场之前的细分市场不同,后者是细分整体市场,选择目标市场的过程;前者是对选择后的目标市场进行细分,再选择一个或几个目标子市场的过程。

比如，对于鞋产品生产企业来说，在选择目标市场的同时，也就确定了满足这个目标市场对鞋的需求。如果确定大中城市年轻女性作为中高档产品目标市场，那么对这个目标市场进行细分，会发现目标顾客购买鞋产品最关心的利益点为：款式奇特；面料、颜色时尚；饰件新颖；造型秀丽。

目前，大多数企业对于新产品定位更多地依赖于信息的掌握和对其作出的相关预测。一般来说，新产品定位应该包括以下内容。

1. 新产品消费群体定位

新产品消费群体定位可以按照消费者年龄、文化层次和职业状况细分等方式进行。

比如，某企业想开发一款新鞋，可从以下几个方面对消费群体进行定位。

（1）针对具有中高级消费行为和消费能力的商务人士，其收入高，品位要求高，因此产品定位有高或中高的价位，高档的质地、做工精细，高档的销售场所，要体现成功、成熟和高贵的风格。

（2）针对IT等新兴年轻行业的高级商务人士，产品定位要具有基本的庄重、正规的风范，以及基本的礼仪特点。

（3）针对体力劳动者或农民工，所选材料成本要相对廉价、经久耐用，而款式则次之。

（4）针对都市女性，产品定位要体现时尚、个性化、款式新颖的特点。

（5）针对老年人用鞋，产品定位则侧重于轻、舒适等特点。

2. 新产品档次定位

不同的消费群体，有着不同的档次要求，选择不同的材质和包装，形成不同的档次。从目标消费者消费心理需求分析，抓住消费者的心，就抓住了市场的独特地位。

3. 新产品结构定位

即在产品的结构上应该如何决策，同样一类产品，但在产品构成上可能有较大的区别。

4. 新产品功能定位

即我们所设计的产品应该对消费者具有哪些基本功能。功能定位已经不是定位于一个笼统的需要满足，而是更为具体化的需要。

比如，企业如果要开发一款鞋，就要找出人们在穿着鞋时各种需求利益，如时尚、保暖、轻便、牢固等，顾客对上述消费利益有着不同的侧重，从而形成不同的利益群体。

产品功能定位就是要寻求各自特殊的利益组合，满足各类顾客所选择利益的需要，赢得更大的市场份额。

5. 新产品线长度定位

即产品线应该如何安排组织，所有半成品及辅件加工成型是否自己组织生产，还是外协加工或外购，以达到预期的目的和效果。

6. 产品外形及包装定位

即产品用料、款式、型号、规格构成定位。另外，产品档次不同，其包装方式及包装材料定位就不同。

7. 新产品价格定位

即我们所设计的产品的价格定位是属于高档、中档，还是最低价格。产品价格受以上定位因素的综合影响，其中人群定位是关键。不同的价格定位，就要选择不同质地的材料和半成品，不同质地的产品就会适合不同的消费人群。除此之外，价格定位还应考虑所销售地域的经济发展状况和新产品款式在当前市场上的新奇程度。

三、产品定位的方法

定位是指确定公司或产品在顾客或消费者心目中的形象和地位，这个形象和地位应该是与众不同的。但是，对于如何定位，部分人士认为，定位是给产品定位。营销研究与竞争实践表明，仅有产品定位已经不够了，必须从产品定位扩展至营销定位。因此，产品定位必须解决以下五个问题。

（1）满足谁的需要？
（2）他们有些什么需要？
（3）我们提供的是否满足需要？
（4）需要与提供的独特结合点如何选择？
（5）这些需要如何有效实现？

一般而言，要想解决以上问题，产品定位可采用图4-8所示的五步法。这个方法给我们进行产品定位分析提供了一个有效的实施模型。

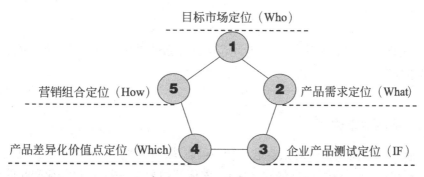

图4-8　新产品定位的方法

1.目标市场定位

目标市场定位是市场细分与目标市场选择，即明白为谁服务（Who）。在市场分化的今天，任何一家公司和任何一种产品的目标顾客都不可能是所有的人，对于选择目标顾客的过程，需要确定细分市场的标准对整体市场进行细分，对细分后的市场进行评估，最终确定所选择的目标市场。进行目标市场定位策略如图4-9所示。

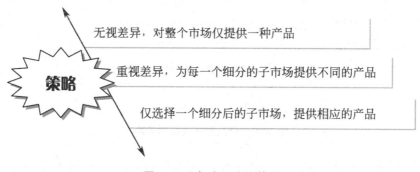

图4-9　目标市场定位策略

2.产品需求定位

产品需求定位，是了解需求的过程，即满足谁的什么需要（What）。产品定位过程是细分目标市场并进行子市场选择的过程。这里的细分目标市场是对选择后的目标市场进行细分，选择一个或几个目标子市场的过程。

对目标市场的需求确定，不是根据产品的类别进行，也不是根据消费者的表面特性来进行，而是根据顾客的需求价值来确定。顾客在购买产品时，总是为了获取某种产品的价值。产品价值组合是由产品功能组合实现的，不同的顾客对产品有着不同的价值诉求，这就要求提供与诉求点相同的产品。

> **一点通**
>
> 在这一环节,需要调研需求,这些需求的获得可以指导新产品开发或产品改进。

3. 产品测试定位

企业产品测试定位是对企业进行产品创意或产品测试,即确定企业提供何种产品或提供的产品是否满足需求(IF),该环节主要是进行企业自身产品的设计或改进。通过使用符号或者实体形式来展示产品(未开发和已开发)的特性,考察消费者对产品概念的理解、偏好、接受。这一环节测试研究需要从心理层面到行为层面来深入探究,以获得消费者对某一产品概念的整体接受情况。具体策略如图4-10所示。

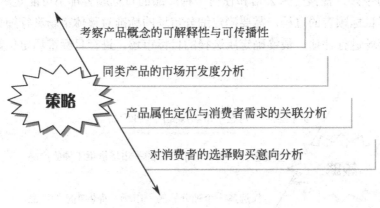

图4-10 产品测试定位的策略

(1)需要进行产品概念与顾客认知、接受的对应分析,针对某一给定产品或概念,主要考察其可解释性与可传播性。很多成功的企业家并不一定是新产品的研发者,而是新概念的定义和推广者。

(2)同类产品的市场开发度分析,包括产品渗透水平和渗透深度、主要竞争品牌的市场表现已开发度、消费者可开发度、市场竞争空隙机会,用来衡量产品概念的可推广度与偏爱度。从可信到偏爱,这里有一个层次的加深。有时,整个行业都会面临消费者的信任危机,此时推出新品就面临着产品概念的不被信任与不被认可的危机。

(3)分析实际意义上的产品价格和功能等产品属性定位与消费者需求的关联。因为产品概念的接受和理解程度再高,如果产品的功能不是恰恰满足了消费者某方面的需求,或者消费者的这种需求有很多的产品给予了很好的满足,这一产品概念仍然很难有好的市场前景。通过对影响产品定位和市场需求的因素关联分析，对产品的设计、开发和商业化进程作出调整。

（4）探究消费者是否可能将心理的接受与需求转化为行为上的购买与使用，即对消费者的选择购买意向进行分析，以进行企业自身产品定位的最终效果测定。针对企业自身产品定位环节，这一层面包括新产品开发研究、概念测试、产品测试、命名研究、包装测试、产品价格研究等。

4. 差异化价值点定位

差异化价值点定位即需要解决目标需要、企业提供产品以及竞争各方的特点结合问题，同时，要考虑提炼的这些独特点如何与其他营销属性综合（Which）。在上述研究的基础上，结合基于消费者的竞争研究，进行营销属性的定位，一般的产品独特销售价值定位方法（USP）包括图4-11所示的几种。在此基础上，需要进行相应的差异化品牌形象定位与推广。

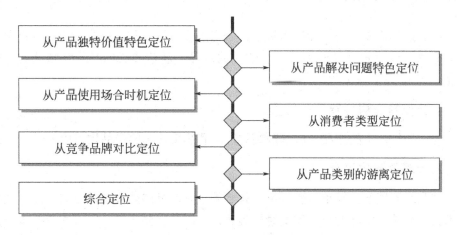

图4-11　产品独特销售价值定位方法

5. 营销组合定位

营销组合定位即如何满足需要（How），它是进行营销组合定位的过程。在确定满足目标顾客的需求与企业提供的产品之后，需要设计一个营销组合方案并实施这个方案，使定位到位。这不仅仅是品牌推广的过程，也是产品价格、渠道策略和沟通策略有机组合的过程。

营销组合——产品、价格、渠道、促销——是定位战略战术运用的结果。有的情况下，到位过程也是一个再定位的过程。因为在产品差异化很难实现时，必须通过营销差异化来定位。

今天，你推出任何一种新产品畅销不过一个月，就马上会有模仿品出现在市场上，而营销差异化要比产品模仿难得多。因此，仅有产品定位已经远远不够，企业必须从产品定位扩展至整个营销的定位。

第四节 商业分析

产品经理必须预计销售情况、成本和利润，来确定该产品能否实现公司的目标。如果能实现公司目标，那么产品就从概念阶段进入开发阶段。

商业分析主要审查销售量、成本和利润。

一、销售量分析

产品经理需要通过预计销售量分析公司是否可以获利。不同的产品有不同的计算方式，这里把产品分为一次性购买的产品、偶尔购买的产品和频繁购买的产品。

1. 计算首次购买量

对一次性购买的产品、偶尔购买的产品和频繁购买的产品均适用。

2. 计算更新购买量

产品经理若要计算更新购买量，就必须了解产品的残存年限分布。由于受各种因素的影响，实际的更新购买量较难预计，因此有些产品只以首次销售量作为预计基础。

3. 计算重购数量

由于某些产品的单位价值低，往往一投入市场便产生再购买行为，因此产品经理必须预计重购销售量。

二、成本和利润分析

通过对产品销售量进行分析与预测，能够估计成本和利润。分析成本和利润的方法很多，这里介绍一种普遍采用的分析工具——财务分析表，如表4-1所示。

表4-1　财务分析表

产品名称：　　　　　　　　　　　　　分析日期：
建议：

主要项目	第一年	第二年	第三年	第四年
销售额				
产品成本				
商品销售的总成本				
总利润				
利润分配				
税前收入				
税项				
税后收入				
现金流量				
投资收益率				
投资回收期（年）				

一点通

根据财务分析表，产品经理可以分析并预测新产品在投入市场后第1～4年的销售量、成本和利润。

三、产品商业化分析报告

对产品进行的商业化分析一定要形成报告，如表4-2所示。

表4-2　产品商业化分析报告

编号：　　　　　　　　　　　年　　月　　日

分析项目	思路	备注
1.技术可行性分析		
是否具有产品技术开发能力		
研发周期		

续表

分析项目	思路	备注
材料成本估算		
材料的购买周期		
2.产品成本估算		
3.产品优势和差异化潜力		
与竞品的差异化程度		
是否比竞品更能满足用户的需求		
4.预计销量/利润情况		
产品经理建议:		

备注:"1"由技术部门填写;"2"由财务部门填写;"3"由信息管理部门填写;"4"由产品经理填写。填写人请在备注下签名;如需更详细的说明,请另附说明。

第5章

产品开发

导言:

　　确认该新品上市切实可行后,就要马上行动,把停留在创意阶段的新产品概念(包括产品本身及产品的包装、广宣品等附属物)变成实物。

第一节 产品设计

一、产品设计的程序

产品设计是指从确定产品设计任务书起到确定产品结构为止的一系列技术工作的准备和管理，是产品开发的重要环节，是产品生产过程的开始，必须严格遵循"三段设计"程序。

1. 初步设计阶段

它的主要任务在于正确地确定产品最佳总体设计方案，对产品定位、用途及使用范围、性能特点、工作原理、材料特性、色彩等元素进行分析比较，运用价值工程，赋予该产品最优最具市场竞争性的产品外观形态，研究确定产品的合理性能（包括消除剩余功能），通过不同结构原理和系统的比较分析，从中选出最佳方案等。

2. 技术设计阶段

技术设计阶段是新产品的定型阶段。它是在初步设计的基础上完成设计过程中必需的试验研究（新原理结构、材料元件工艺的功能或模具试验），并写出试验研究大纲和研究试验报告；作出产品设计计算书；画出产品总体尺寸图、产品主要零部件图，并校准；运用价值工程，对产品中造价高的、结构复杂的、数量多的主要零部件的结构、材质精度等选择方案进行成本与功能关系的分析，并编制技术经济分析报告；绘出各种系统原理图；提出特殊元件、外购件、材料清单；对技术任务书的某些内容进行审查和修正；对产品进行可靠性、可维修性分析。

3. 工作图设计阶段

工作图设计的目的，是在技术设计的基础上完成供试制（生产）及随机出厂用的全部工作图样和设计文件。设计者必须严格遵守有关标准规程和指导性文件的规定，设计绘制各项产品工作图。

二、产品设计的原则

新产品开发设计,应遵循图5-1所示的原则。

1. 功能性的原则——功能性就是指产品适宜于人的使用。它是衡量产品设计的一条最基本的原则,也是产品存在的依据

2. 创新性的原则——创新性是产品设计的一个重要前提,任何产品的发展,都是建立在创新的基础上的,包括对原有产品设计的完善

3. 语义性的原则——语义性是指事物具有被他人认知的可能性,是运用材料、构造、造型、色彩等来表达产品存在的依据和语义

4. 美学的原则——这是一项难以度量的标准,但却又是客观存在的标准

5. 以人为本的原则——产品不仅应当给消费者提供使用上的方便,同时也应当给使用者提供心理上的慰藉和精神上的享受

6. 理性的原则——优秀的产品设计应当从整体构思到细节的处理都符合逻辑,即从使用功能到美学效果,都应当具有符合逻辑的一致性

7. 简洁的原则——简洁的原则就是将产品的造型化简到极致,即所谓的"简洁主义"

8. 生态平衡的原则——产品设计的宗旨在于创造一种优良的生活方式,而生态与环境是这种生活方式最基本的前提

图5-1 产品设计应遵循的原则

三、产品的功能设计

功能是产品与使用者之间最基本的关系。人们在使用一件产品的过程中，经由功能才可以获得需求的满足。

1. 功能的分类

现代设计的功能性有其丰富的内涵，产品设计对象不同，功能也就不同。一般来说，按照功能的重要程度，可分为基本功能和辅助功能；按照功能的性质，可分为物质功能与精神功能；按用户需求，可分为必要功能和不必要功能；按功能的实现手段，可分为软功能和硬功能。如图5-2所示。

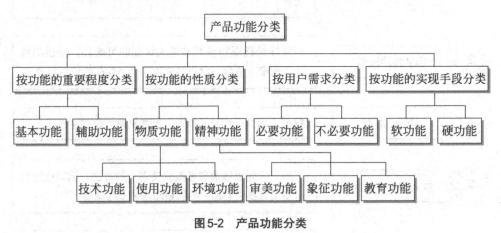

图5-2　产品功能分类

2. 产品功能分析

产品功能分析是产品设计功能方法论的重要环节。产品设计的功能分析主要包含图5-3所示的几个方面。

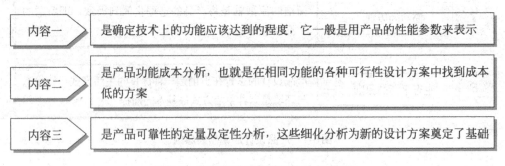

图5-3　产品设计功能分析包含的内容

进行功能分析主要是从对产品结构的思考转为对它的功能思考，以便做到不受现有形态结构的束缚，形成新的设计构思，提出具有创造性的设计方案来。对具体产品设计来说，功能是指产品的效能、用途和作用。通常，在不同的条件下利用不同的属性，同一件产品也可实现不同的功能。采用功能分析法进行产品设计时，可按图5-4所示的步骤进行。

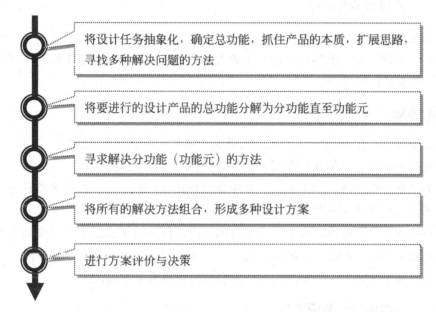

图5-4　采用功能分析法进行产品设计的步骤

四、产品的可生产性设计

产品设计的可生产性，在我国被称为设计的工艺性，它是指产品设计是否可以制造或便于制造。生产性是一项设计和生产规划的若干特征或要素的组合，它能使设计所规定的产品，按规定的产量，经过一系列权衡之后，能以最少的费用、最短的时间制造出来，并且符合必需的质量和性能要求。具体来看，产品设计要达到可生产性的目的，需考虑以下因素。

1.元器件、原材料的选择

元器件、原材料的选择要考虑其易得性。可以满足功能要求的材料和器件可能不止一种，但选择的原则必须是：在满足功能要求的条件下，选择工艺性最好、价格最低、最容易得到的。

2. 工艺技术的可实现性

有可能实现制造，这是设计起码要做到的。那么我们该如何衡量工艺的可制造性呢？其原则就是看在已经具备的生产条件下是否可以制造。不符合这个原则，就不具备可生产性。

3. 技术指标的合理性

产品最普遍的特征就是性能、精度、技术指标，但是这不等于所设计的产品的每一个部件、每一个零件、每一个要素都一定要达到最高的加工精度，只要在合理的指标范围内即可。

4. 容错

制造过程在很多的环节上会产生缺陷，这是工艺应该想方设法予以避免的，但是往往难以完全避免或在现有的生产条件和工艺水平情况下难以完全避免。

例如硬、脆材料在加工过程中可能会有些棱边缺损等，那就要考虑其存留的可行性，这也应该是一种容错设计。

要做到这一点很难，由于没有实验的依据，所以要求在试生产阶段就要做到精心记录生产缺陷的情况，在实验过程中来验证对缺陷允许的程度和极限，不要单纯看成是工艺的事、是生产的事，才会做到实事求是的处理。

5. 设计的经济性与便捷性

便捷性是现实的可制造性，是基于现有条件和快速实现的前提，同时又决定了经济性。一个产品的开发，如果单纯追求性能的先进性，不是研制不出来，就是计划超支、延误时机，使产品系统长时期不能占有市场，无法形成生产能力。

6. 生产性的保证

生产性考虑的主要工作是在论证和设计阶段进行的，在这一阶段考虑生产性所取得的效益最显著。目的是要保证设计具有工艺可制造性（工艺实现的可能性、工艺的可发展性），并且要不断改进生产性的风险分析；要求设计要最大程度的标准化、通用化；要考虑经济性的影响；要考虑检验、试验、工装的应用；要考虑对生产、制造、质保方法的最优化；要考虑对材料、工艺、工装、设备的需求。

五、产品的包装设计

包装是产品的脸面，是产品与用户直接沟通的工具。包装的材质及外观设计要符合产品的价格定位，避免优质产品劣质包装、过分夸大产品价值或包装让人感觉华而不实。包装的色调、图案、文字设计和整体风格要符合目标消费群的心理特征，能够引起他们的情感共鸣。

包装能够吸引用户购买不是在于它具有艺术性，而是在于它能从卖场货架上成百上千的同类产品中脱颖而出。所以，包装测试最简单的方法就是货架模拟测试，看你的包装能否"跳出来"并吸引用户。

包装设计应力求风格统一。不同产品的包装在外观、形式、色调上必须有统一的视觉效果，这样用户就能对该公司的设计风格产生认同，从而通过包装识别产品。

包装设计不可过分复杂。一般来讲，产品包装上需要凸显的要素不要超过4个：品牌、规格、功能、产品利益点（宣传口号）。产品利益点的凸显尤其重要，用户就是根据这些宣传口号识别不同产品的。因此，产品经理可以借此最大程度地凸显其产品特色。

切记不要在产品包装上标注太多的内容，太多的内容等于没有重点。如果宣传内容过于复杂，可以把它设计在包装的其他侧面。当然，可以使用附在产品外包装上的告知卡、促销单及设计手册来补充新产品上市信息，但是这会增加包装成本。

那么，我们该如何设计一个好的包装呢？可从以下三个方面着手。

1. 色彩

包装设计的最大作用就在于吸引消费者的眼球，刺激消费者喜欢上所包装的商品，从而实现消费。现如今美观也成为消费者的一大要求，相同的商品，消费者大多数会选择包装精美的一种，色彩是消费者对包装设计的第一印象。

（1）色彩使用的深浅对比。所谓的深浅对比，应该是指在设计用色上深浅两种颜色同时巧妙地出现在一种画面上，而产生出比较协调的视觉效果。通常用的如大面积的浅色铺底，而在其上用深色构图，比如淡黄色的铺底，用咖啡色的加以构图。这在目前包装设计的用色上出现的频率最多，使用的范围最广。

（2）色彩使用的轻重对比。这种轻重对比，往往是用轻淡素雅的底色上衬托出凝重深沉的主题图案，或在凝重深沉的主题图案中表现出轻淡素雅的包装物的主题与名称，以及商标或广告语等。在这种轻重对比中，一般色素有协调色对比和冷暖色对比。协调色对比的手法往往是淡绿色对深绿，淡黄色对深咖啡；而冷暖色的对比则多为黑色与白，红与蓝等。

> **一点通**
>
> 色彩一定要迎合目标消费群的喜爱和偏好，儿童需要的是五彩斑斓，年轻人要浪漫，而跳跃性色彩是中老年人所喜爱的。

2.便利

包装的便利性是指包装应具有的便于被人操作的特点，在包装上表现为运作的便利性、包装结构的宜人性，无论是运输包装还是销售包装，它的规格、尺寸、形状、重量以及包装工艺、包装材料、包装结构、开启方法等都直接与操作有关。

那么包装设计该如何考虑便利性呢？不妨从图5-5所示的五个方面内容入手。

- **内容一**：便于运输和装卸。产品从产地到消费者手中，须经过包装处理才能组装及运输至卖场上架出售
- **内容二**：便于销售。堆叠式、吊挂式或陈列式的选择，如：销售性展示、陈列的要求，目的都是要便于消费者的准确识别
- **内容三**：便于携带与使用。新材料的使用，新工艺技术的进步，都是为了尽一切可能使包装设计给消费者带来使用上的方便
- **内容四**：便于保管与储。也会直接影响消费者购买商品的决定
- **内容五**：便于回收与废弃处理等。产品采用绿色的环保产品如纸质包装、易拉罐等的包装设计，在商品使用完之后，包装可再次利用，或者通过折叠、挤压来减少垃圾的体积、废物的处理量

图5-5　包装的便利性设计内容

3.关联

我们推出一个新的产品时，包装袋要尽量和产品所表达的东西接近。

比如，安徽的家酒，它的包装盒像房子，而酒的名字叫"家"，二者非常吻合。

推出一个新产品，一定要把握它的内涵，确保意义是深远的。外包装是直接与消费者接触的媒体。醒目、视觉冲击力极强的产品包装十分有利于促进终

端的购买，如果再生动地陈列，它就是一支非常优秀的广告。好的包装会说话，要在狭窄的空间里最大化地传递有效信息，产品包装必须从众多的产品中"跳"出来。

第二节 产品试制

一、产品试制的目的

产品试制是在完成设计之后、正式投产之前进行的试制生产。目的在于验证新产品设计能否达到预期的质量和效果。在这一阶段，设计状态相对稳定，需进一步固化工艺准备的可实现性。试制阶段主要检验产品的结构、性能及主要工艺能否达到设计要求，以肯定或校正产品设计。

二、产品试制的阶段

新产品试制是指在完成新产品设计和工艺准备之后，为验证所设计的新产品的图纸、工艺等技术文件是否正确，能否达到预期的设计要求和质量标准而由企业或研究部门进行的试制生产。

试制一般分为样品试制和小批试制两个阶段。

1. 样品试制

样品试制是指根据设计图纸、工艺文件和少数必要的工装，由试制车间试制出一件（非标设备）或数十件（火花塞、电热塞、管壳等类产品）样品，然后按要求进行试验，借以考验产品结构、性能和设计图的工艺性，考核图样和设计文件的质量。此阶段完全在研究所内进行。

2. 小批试制

小批试制是在样品试制的基础上进行的，它的主要目的是考核产品工艺性，验证全部工艺文件和工艺装备，并进一步校正和审验设计图纸。此阶段以研究所为主，由工艺科负责工艺文件和工装设计，试制工作部分扩散到生产车间进行。

三、产品试制中的质量管控

新产品的研制,由于存在不确定性因素,整个研制过程的质量控制和保证处于不稳定状态。为确保新产品试制的顺利进行,在研发向生产试制转化中,产品经理应做好产品质量的管控。具体可从以下环节入手。

1. 进行质量策划

在小批量生产启动前,对所实施的新产品进行质量策划,可编制《质量保证大纲》,明确规定各部门职责、权限和相互关系,对所需文件、资源等做出规定,并提出各阶段的控制方法。

2. 加强原材料控制

采购进货时,必须有针对性地对原材料进行质量控制,可采取图5-6所示的措施。

措施一	应优选按国家军用标准、国标等标准来组织生产,并在质量认证中列入合格产品目录的原材料
措施二	必须审查原材料生产厂家的质量资质,在订货合同中规定是否有监制要求,监制产品必须有相应的技术标准或管理规定
措施三	在订货合同中必须明确验收方式
措施四	必须按照产品设计要求或相关标准完成各项验证试验

图5-6 加强原材料控制的措施

3. 开展操作人员岗前培训

生产启动前,产品经理应召集相关人员举办各工序岗前培训班,聘请专家讲授相关理论知识;邀请研发人员参与到生产中,进行现场培训,让各种问题充分暴露在生产操作人员面前,协商解决。从理论和操作两个角度对生产人员进行培训,有效解决生产人员变更的操作问题。

4. 做好研发向小批量生产试制转化的工作对接

在研发样品基本定型、后续样品的生产中,生产线上的工艺人员、操作人员和检验人员应参与到样品制作过程中,让生产线的工人操作、工艺人员调试、检验人员去验证产品质量的一致性和符合性。

在这个过程中,产品在设计上的缺陷、生产过程中各种不熟悉和隐患充分地暴露在生产人员面前,工艺人员可以和研发人员共同采取纠正措施来改进,使产品可靠性得到保证。

5.进行工艺方案评审

产品经理参与到工艺文件编制中,将研制过程中的工艺方法及生产工艺中需关注的内容尽可能详细地写入到工艺文件中,进行工艺方案评审,专家和一线操作人员均参与到工艺方案评审中,为工艺的可实现性及全面性提供帮助。

6.开展生产准备检查工作

小批量生产启动前,对设计文件、工艺文件、生产计划、生产设施、人员配备、外购器材、质量控制等方面进行全面的检查,审查其开工条件是否具备,避免在生产中因准备工作不充分而导致的产品质量和生产进度等方面出现问题。

7.首件产品鉴定评审

试制生产的第一件样品完成,要进行全面的工序或成品检验、考核,以确定生产工艺和设备等能否生产出符合设计要求的产品。召开首件产品鉴定评审会,提供产品质量数据,检查与设计文件的相符性,以及工艺及设备的胜任能力。

8.产品质量评审(复查)

在产品质检合格交付用户之前,组织召开评审会,对产品生产的技术状态、质量情况等进行最终评审,以确保最终产品符合图纸、技术条件等技术文件的要求。

9.完善质量保证体系

建立完善的质量制度体系,是构建质量工作长效机制的基础。在工作中,用制度说话,用制度评判,在严谨有效的质量制度体系下,注重制度建设的系统性、层次性和可操作性,为质量工作长效机制的建立提供"法律"支撑。

四、产品试制后的定型投产

定型投产是正式投产的准备阶段,是在小批试制的基础上进行的。它的主要目的是进一步完善产品工艺文件,改进、完善并定型工艺装备,配置必要的生产和试验设备,确保达到正式生产的条件和具备持续稳定生产合格产品的批量生产能力。

相关链接

××公司产品定型投产规定

第1章 总则

第1条 目的

为规范产品定型投产程序,更好地完成产品投产工作,特制定本规定。

第2条 适用范围

本规定适用于公司所有产品定型投产工作。

第2章 定型投产前的准备工作

第3条 产品研发必须具有标准的设计任务书或建议书。

1. 由产品研发部进行产品技术设计和工作图纸设计,经专家委员会、技术总监审核,总经理审批后进行样品试制。

2. 样品试制图标记为"S",小批量试制图标记为"A",批量生产图标记为"B"。A和B的标记必须由工程部经理组织相关人员召开会议确定。

第4条 每一项产品均需结构可靠、技术先进,以及具备良好的工艺性。

第5条 产品的主要参数、形式、尺寸、基本结构应采用国家标准或国家同类产品的先进标准,在充分满足使用需要的基础上标准化、系列化和通用化。

第6条 每一项产品都必须经过样品试制和小批量试产后方可定型投产。

第7条 进行样品试制和小批量试制的产品必须经过严格的测试,具有完整的试制和检测报告,部分产品还必须具有运行报告。

第8条 样品试制和小批量试制均由工程部经理主持召集有关部门人员进行鉴定。

第9条 个别工艺上变化很小的产品,经工艺部同意后,可以不进行小批量试制,在样品试制后直接办理成批投产的手续。

第3章 产品定型投产实施

第10条 产品定型投产由产品研发部与生产部共同完成。

第11条 产品研发部经理主持召开由设计、试制、计划、生产、技术、工艺、品管、检查、标准化、技术档案管理等相关人员参加的产品鉴定会，多方面听取意见，对产品从技术和经济上做出评价，确认设计、工艺规程、工艺装备没有问题后，提出是否可以正式定型投产以及投产时间的建议。

第12条 产品研发部需向鉴定会提供的文件资料应至少包括7项内容，具体如下所示。

1. 产品标准
2. 设计、工艺文件
3. 生产条件报告
4. 产品试制报告
5. 检测报告
6. 客户试用报告
7. 其他特殊要求相关文件

第13条 批准定型投产的产品，必须有产品技术标准、工艺规程、产品装配图、零件图、工装图以及其他相关技术资料。

第14条 批准定型投产的产品必须填写《产品定型投产鉴定验收表》，并经相关部门签字确认。

第4章 附则

第15条 本规定由产品研发部负责制定、修改、解析。

第16条 本规定经总经理办公室会议审议通过后，自颁布之日起实施。

第三节 产品测试

成熟的企业会在产品成型之前进行反复测试、改良，直至确认产品乐于被消费者接受。新品测试做得客观、精确，产品上市就更"安全"——在新品测试方面的态度往往会标志着一个企业经营思路是否稳健和理性。

一、产品品名测试

产品命名是新产品开发过程中十分重要的步骤，产品名称有助于产品形象的创造，好的产品名称对产品的销售有着很大的好处，而不恰当的名字，在市场营销的整体配合上，不仅不能对推销助一臂之力，还可能因命名不当而妨碍推销的顺利进行。因此，选择恰当的产品名称对企业来说至关重要。

产品品名测试的方法如图5-7所示。

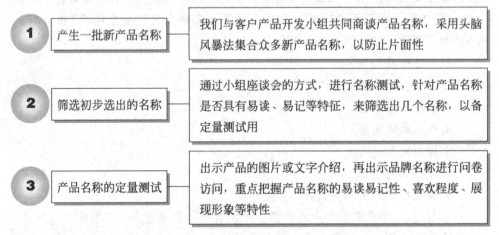

图5-7　产品品名测试的方法

二、产品价格测试

价格因素对于产品在市场上的表现往往起着关键性的作用，对于大多数产品而言，价格是消费者反应最敏锐的营销变量，在中国市场上多数消费者的品牌观念还处于较低的层次，价格决策对营销的成败往往起着关键的作用。此外，在完全市场竞争阶段，当产品质量比拼与差异化策略无法奏效的时候，价格战往往成为一种重要的竞争手段。

产品经理可以采用价格敏感度分析技术（PSM）对产品价格进行测试。

1. 测试目的

采用PSM进行价格测试的目的如图5-8所示。

图5-8　采用PSM进行价格测试的目的

2.测试方法

采用PSM进行价格测试的特点为：不事先设定价格，所有价格测试过程完全基于被访者的自然反应，希望从消费者那里得到可接受的价格范围。测试方法为：测试者事先准备好一份测试价格表，指导用户凭第一直觉在价格表中选出四个价格点，最后统计价格表中四个价格点选择人数的累计百分比进行结果阐述。

（1）测试者事先准备好一份如图5-9所示的价格测试表。根据预设定的产品价格，在企业可承受的范围制定价格最低价与最高价，可参考竞品或以往版本的价格，但设定的范围不应太大，如果从最低价与最高价的范围太大，则会影响PSM的结果。

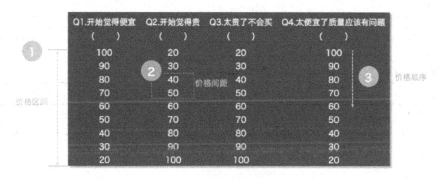

图5-9 价格测试表

（2）指导用户凭第一直觉在价格表中选出四个价格点。向用户展示实际产品或产品原型进行演示，通过问卷中的四个问题分别获取四个价格点，这里需要注意的是，四个问题有其对应的价格表顺序。

四个价格点与对应的价格表浏览顺序分别是：

从高到低——开始觉得产品便宜；

从低到高——开始觉得产品贵；

从低到高——开始觉得产品贵得不会考虑购买；

从高到低——开始觉得产品便宜得令人怀疑其质量。

问卷中通过四个问题来指导用户选择四个价格点：

① 这个产品以哪种价格销售时您开始觉得便宜呢？

② 这个产品以哪种价格销售时您开始觉得贵呢？

③ 这个产品以哪种价格销售时您开始觉得太贵了，不买呢？

④ 这个产品以哪种价格销售时您开始觉得太便宜了，不相信它的质量，不买呢？

（3）统计价格表中四个价格点选择人数的累计百分比。

首先，汇总所有用户在四个价格点上的选择，计算出价格表上每一个价格点上的累计选择人数百分比。如表5-1所示。

表5-1 每个价格点上四个问题选择人数的累计百分比

价格/元	Q1.开始觉得便宜/%	Q2.开始觉得贵/%	Q3.太贵了不会买/%	Q4.太便宜了质量应该有问题/%
20	100	0	0	100
30	97	5	2	78
40	86	22	6	53
50	74	35	20	0
60	44	63	35	0
70	20	86	55	0
80	0	90	68	0
90	0	95	86	0
100	0	700	100	0

其次，将上述百分比转化成百分比曲线图。横坐标为价格表上的所有价格点，纵坐标为每个问题中各个价格点上的累计人数百分比。如图5-10所示。

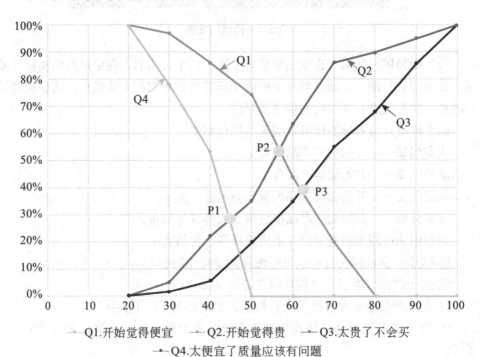

图5-10 四个问题的累计人数百分比曲线图

图5-10所示说明如下。

① P1："开始觉得贵"与"太便宜了质量应该有问题"相交处的价格点。

② P2："开始觉得便宜"与"开始觉得贵"相交处的价格点。

③ P3："开始觉得便宜"与"太贵了不会买"相交处的价格点。

（4）结论。从图5-10中可以看出，本次测试中的最优可接受价格为P2，即这个价格点为用户感知上开始觉得贵与便宜的临界点，因此该价格被用户所接受的可能性最大。

本次测试中的最大可接受价格范围为P1～P3，价格下限值P1为用户感知出现"太便宜"与"开始觉得贵"的交接点，即这个点已到了用户出现大幅感知"太便宜了质量应该有问题"的临界点；价格上限值P3为用户感知上"开始觉得便宜"与"太贵了"的交接点，即这个点已到了用户出现大幅感知"太贵了不会买"的临界点。故"太便宜了质量应该有问题"～"太贵了不会买"为用户可接受的最大价格区间。

3. 注意事项

采用PSM进行价格测试时应注意以下事项。

（1）测试用户选择

① 关于样本人数。由于统计的数据为累计百分比，建议在条件允许的情况下以120～200人为宜，或者至少保证80个的有效样本量。

② 关于样本人群。如果是新产品，则尽量覆盖所有可能使用新产品的目前人群，如竞品的已有使用者、竞品的潜在使用者、新产品的潜在使用者；如果是迭代产品，则除了邀请原版本产品用户外，还应另外邀请竞品的使用者。

（2）价格设定范围。在企业可承受的范围内制定价格最低价与最高价，如最低价至少应保证产品制造成本，最高价也应符合市场行情，除可参考竞品或以往版本的价格外，也可事先进行预访谈，邀请几位目前用户收集价格范围。

（3）价格水平区间。如企业没有事先考虑过几个用于测试的价格区间，则建议将目标价格放在价格表中40%～50%的位置，以3%～5%为价格区间进行其余价格测试点的排列。

（4）多产品、多地域同时测试

① 多产品同时测试。建议各产品的价格表（价格范围、价格水平）保持一致。

② 多地域同时测试。建议也保持一致，但若测试地域本身物价与经济消费水平差异较大，也可按照当地情况进行调整。

三、产品包装测试

产品包装测试是指产品包装投入市场使用之前,先在目标消费者中获取测试效果,检验其是否达到包装所具备的功能。特别是那些无法在实验室测知的包装设计元素,如包装的形状、规格、色彩、图案、文字说明及品牌标记等对产品销售的影响,更应事前测试消费者的反应。

1. 测试目的

做产品包装测试的目的如图5-11所示。

- **目的一**：了解包装传递信息的能力和形象,测量其是否起到了强化品牌的作用
- **目的二**：了解包装与竞品的区别性和吸引力,测量其是否增强了产品被选择的机会
- **目的三**：检验包装的设计与信息的吻合度,测量其是否传递和表达了新的消费者利益点

图5-11 做产品包装测试的目的

2. 测试内容和方法

产品包装测试的内容和方法要按照测试的目的来确定。

(1) 测试包装保护产品和提供方便的功能。具体如表5-2所示。

表5-2 测试包装保护产品和提供方便的功能

序号	测试方法	具体说明
1	座谈会测试	小组座谈会既可以用来发现现有包装在保护产品和提供方便上所存在的问题,明确改进包装的想法,也可以用来讨论新包装的优缺点。比如,在婴儿米粉包装测试中,根据消费者对亨氏和雀巢两种婴儿米粉优缺点的评价,发现在包装中附送一个量杯或将包装纸盒一侧设计成透明的且有刻度,会更加方便消费者使用
2	家庭留置测试	在家庭留置使用测试中,询问包装在保证产品安全使用以及方便产品使用这两方面的功能时,对每一项功能均需要询问下述三个问题:被访者如何评价包装的这一功能;请被访者指出包装的哪些组成要素使包装具有这个功能;针对上述提到的每一个组成要素,询问其具体哪些方面使包装具有这个功能

（2）测试包装的区别性。具体如表5-3所示。

表5-3 测试包装的区别性

序号	测试目的	测试内容和方法
1	瞬间显露法	通过不断改变观看图案或影像的时间，以测试包装上的品牌标记及其他主要元素在视觉上的可辨认度。其操作方法如下：向被测者迅速出示包装设计，询问他们看到了什么，然后不断重复这一过程，每次出示的时间都较上一次稍长一些，直到消费者能注意到和确认包装的主要方面。若有多个包装设计，可将每一种包装的测试结果列表进行比较，确认哪种包装的主要方面能在最短时间内得到关注，那么这种设计就是最引人注目的
2	借助目光追踪相机进行	研究人员可以通过这种仪器在消费者浏览商品时跟踪其视线。方法如下：向被测者出示被测包装和其他竞争品牌的包装的实物或照片，通过测试被测者眼睛移向候选包装的速度来测试每一被测包装的视觉影响。研究人员也可以通过目光追踪相机来评价包装中的图案。在被测者观看被测包装时，目光追踪相机可以提供如下信息：被测者注意包装的哪些方面，每一方面注视的时间；图案的各个组成部分（例如品牌标记）被注视的速度；被测者是否多次注视包装的某一部分
3	街头问卷调查	在街头问卷调查中，可用态度语句来测试包装的区别性。也可以在询问包装的功能时，询问包装的区别性：是否引人注意、是否容易辨认、是否特别

（3）测试包装传递信息的能力、包装的吸引力以及形象。包装传递信息的能力、包装的吸引力和由包装所得到的产品形象，通常是一起测试的。具体做法是：首先在小组座谈会上将某些包装从所有被测包装中区分出来，并指出这些包装存在的问题或必须改进的地方，然后对这些包装做定性、定量研究。在定性研究中询问的有关问题如表5-4所示。

表5-4 在定性研究中询问的有关问题

序号	询问问题	具体内容
1	传递信息的能力	（1）谁制造的产品？产品的产地在哪里？ （2）它是哪类产品的包装？里面的产品是怎样的？为何这样说？ （3）包装上有什么图案？ （4）包装的颜色（形状）是怎样的？ （5）产品的名称是什么？ （6）列出了什么特别的成分？ （7）什么人会喜欢该产品？为什么？ （8）该产品适合什么人使用？为什么？

续表

序号	询问问题	具体内容
2	吸引力	（1）总体而言，您是否喜欢这个包装？喜欢的地方？不喜欢的地方？ （2）是否喜欢包装的形状/颜色/图案/文字说明？喜欢的地方？ （3）是否会买采用该包装的产品？ （4）对所测试的几种包装，按偏好顺序/排序。
3	产品形象	（1）从包装上看，您认为产品的质量如何？ （2）从包装上看，您认为产品的档次如何？像一种国际品牌的包装吗？ （3）从包装上看，您认为产品的风格如何？ （4）包装适合产品吗？哪些地方适合？哪些地方不适合？

第6章

产品上市

导言：

经过前面充足的准备，产品已经定型，新产品终于走上市场。接下来要做的就是对该产品如何上市销售的策划和准备过程。

第一节　新产品市场测试

新产品市场测试是对新产品正式上市前做的最后一次测试，并且该次测试的评价者是消费者。只有将新产品投放到有代表性的目标市场进行测试，企业才能真正了解该新产品的市场前景。市场测试是对新产品的全面检验，可为新产品的正式上市提供全面、系统的决策依据，也可为新产品的改进和市场营销策略的完善提供参考意见。

一、新产品市场测试的好处

产品经理在新产品上市前进行市场测试是降低企业风险的一种有效手段。进行市场测试至少有两个方面的好处，如图6-1所示。

好处一	市场测试使企业在真实的市场条件下获得对产品销售潜力的合理估计。在测试结果的基础上，研究人员可以估算出产品在全国的市场份额，以及利用这些数据来预测该产品的财务状况
好处二	通过市场测试能识别产品和已提出的营销战略的弱点，并给产品经理提供机会改正这些弱点。在市场测试阶段纠正这些问题比产品进入全国性分销渠道之后再纠正更容易，成本更低

图6-1　新产品市场测试的好处

二、市场测试前须考虑的因素

在对产品进行市场测试前，产品经理须考虑以下四个主要因素。

第一，将新产品上市的成本、失败的风险、成功的可能性及相关利润进行比较。如果估计成本很高，而且又不能完全确定成功的可能性，那么就应该考虑进行市场测试。相反，如果预期成本低，而且产品失败的风险也小，那么就没有必要进行市场测试，可直接进入市场。

第二，必须考虑竞争者仿制产品推向全国市场的可能性和速度。如果产品能轻而易举被复制，那最好直接将产品推向全国市场而不必进行市场测试。

第三，比较为市场测试生产产品所需的投资与面向全国市场生产必需数量的产品所需的投资。如果两者之间的差异很小，那么不进行市场测试而向全国推广产品将具有更好的意义。相反，如果两者之间的差异很大的话，那么在决定向全国推广产品之前进行市场测试是非常有必要的。

第四，要考虑新产品上市的失败可能会严重损害一个公司的声誉。失败可能会损害公司分销渠道的其他成员（零售商）的声誉，并破坏公司为今后推出产品而获取合作的能力，在这种情况下就需要进行市场测试。

三、消费品市场测试

试销是为了得到新产品的市场信息，为新产品的上市提供决策依据。在消费品的试销中，应主要收集四个变量值：试用、首次重购、采用和购买频率。主要的测试方法有以下四种。

1. 销售波研究

销售波研究能帮助产品经理估计在市场上存在竞品的条件下，消费者的重复购买率，主要步骤如图6-2所示。

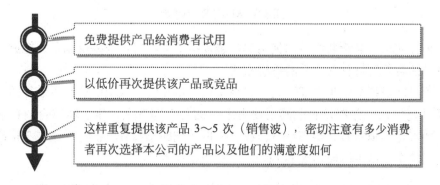

图6-2 销售波研究的步骤

一点通

销售波试销技术主要用于对新产品使用的测试，不能有效地说明不同的促销活动对新产品使用率的影响。

2. 模拟测试

模拟测试也称实验室试销，是在类似的实验室环境中模拟全面的试销活动。实验室环境通常是选择某一商场或购物中心，随机选取在商场中购物或逛商场的30～40名消费者，其测试步骤如图6-3所示。

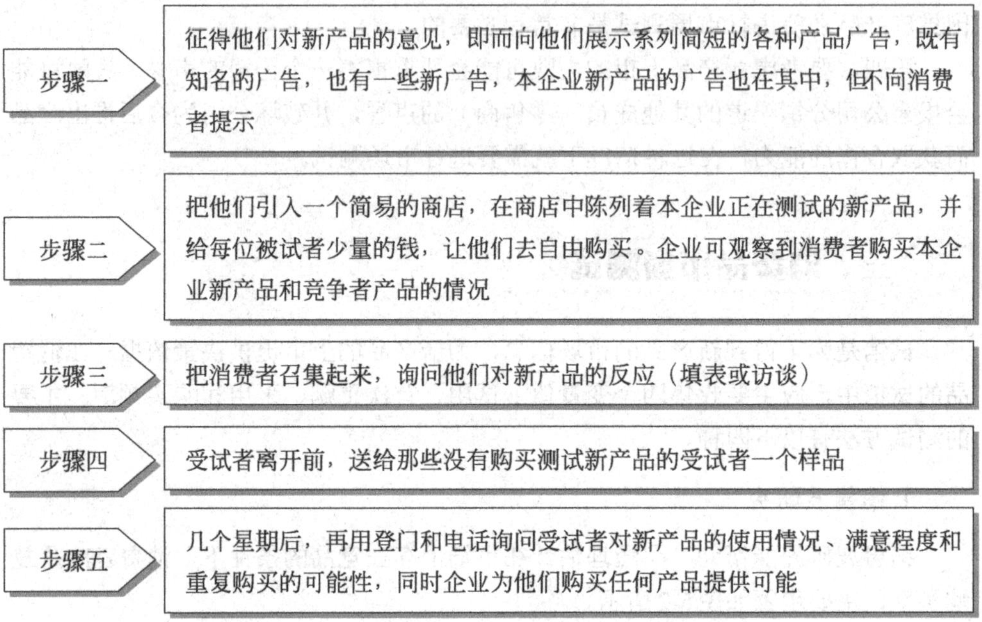

步骤一 征得他们对新产品的意见，即而向他们展示系列简短的各种产品广告，既有知名的广告，也有一些新广告，本企业新产品的广告也在其中，但不向消费者提示

步骤二 把他们引入一个简易的商店，在商店中陈列着本企业正在测试的新产品，并给每位被试者少量的钱，让他们去自由购买。企业可观察到消费者购买本企业新产品和竞争者产品的情况

步骤三 把消费者召集起来，询问他们对新产品的反应（填表或访谈）

步骤四 受试者离开前，送给那些没有购买测试新产品的受试者一个样品

步骤五 几个星期后，再用登门和电话询问受试者对新产品的使用情况、满意程度和重复购买的可能性，同时企业为他们购买任何产品提供可能

图6-3 模拟测试的步骤

模拟测试可测量新产品的使用率、重复购买率、广告效果及竞争的把握，利用测试的数据可进行新产品的销售预测。

不过，模拟测试也有其不足，它整个过程是在营销人员的控制下进行的，前提条件是促销、分销及企业同消费者之间的关系等变量一定，需结合销售波测试，才能得到消费者重购等信息。综合模拟系统的发明者罗伯特·拉维奇指出了使用实验室试销中可能出现的7种错误，如图6-4所示。

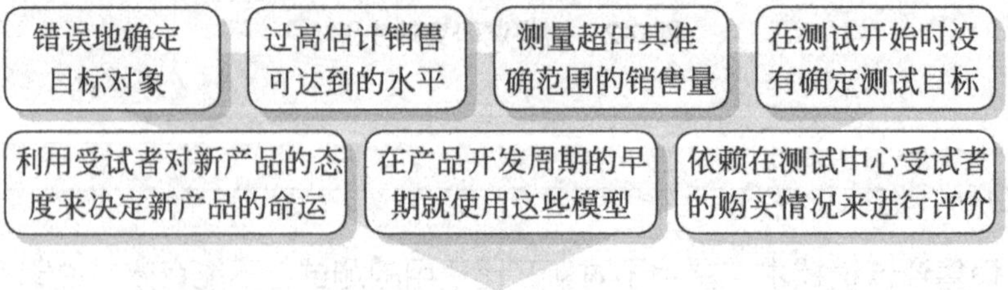

- 错误地确定目标对象
- 过高估计销售可达到的水平
- 测量超出其准确范围的销售量
- 在测试开始时没有确定测试目标
- 利用受试者对新产品的态度来决定新产品的命运
- 在产品开发周期的早期就使用这些模型
- 依赖在测试中心受试者的购买情况来进行评价

图6-4 使用实验室试销中可能出现的7种错误

3.控制测试

控制测试是企业雇请市场研究公司帮助,选定一定的零售商店,对新产品进行试销。具体步骤如图6-5所示。

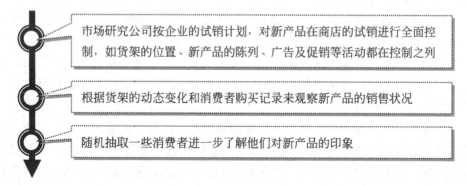

图6-5 控制测试的步骤

控制测试的优点是,该技术中运用了真正的消费者购买行为,消费者在这类"市场"中可按正常的价格购买他们所要的真实产品,在这种情形下,收集购买和重复购买及消费者对产品的态度方面的数据可靠性较高。因此,能较客观地估计新产品的销售量,测试各种促销活动及广告对消费者购买行为的影响,而且这一切都不需要企业动用自己的销售队伍,也无需给零售商折扣,缺点是把新产品暴露在竞争者面前。

4.试销市场测试

新产品的市场测试即是一次小范围的销售。企业的市场测试计划包括图6-6所示的内容。

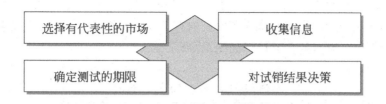

图6-6 市场测试计划包括的内容

但在实际的新产品开发中,当新产品开发人员将新产品开发到试销阶段后,来决定其上市还是舍弃是一个十分艰难的抉择,须谨慎行事。有时不可过分依赖试销结果,须对试销结果进行全面、深入的分析,以免误舍。对于不理想的试销结果,可采用再次试销或改进新产品的方法。对新产品试销中问题的诊断至关重要。

比如，××饮料在最初的市场试销中完全失败，原因在于价格太高，每箱100元，比市场上的同类产品都要高。后经过加快组装作业线、简化包装、降低原料成本，把价格降低到58元。在此价格下再进行的试销，显示了一个巨大的潜在市场，到第四次试销，证明价格是合理的，××饮料由此取得了骄人的业绩。

市场测试的好处是显而易见的：从市场测试中得到的信息对未来的销售量预测，其准确度相对要高；可测试不同的营销计划对新产品商业化的可行性；从消费者的角度感受到的新产品缺陷等。市场测试的缺点也是很明显的：时间长、测试费用大，给竞争者可乘之机。有时富于进攻性的竞争者会采取措施扰乱测试市场，使测试结果不可靠。

如果市场测试显示出较高的试用率和重购率，这就表明该新产品可以继续进行开发；如果市场测试显示出较高的试用率和较低的重购率，就表明顾客对产品不满意，该产品应改进设计；如果市场测试显示出较低的试用率和较高的重购率，说明产品是令人满意的，但应让更多的消费者知道它，这意味着要增加广告宣传等活动；如果试用率和重购率都较低，则应考虑将该产品舍弃。

四、工业品市场测试

与消费品相比，工业品的新产品测试有其特殊性。消费品的市场试销方法一般不适用于工业品。如，有些工业品的制造成本太高，不可能将其投放到市场中去观察它们的销售情况。工业品用户不会去购买没有服务和零件保证的耐用商品。此外，营销调研公司也没有建立如同消费品测试的工业品测试系统，故而，新工业品的市场测试必须采用适合其产品和客户特点的方法来进行。

1. 产品用户测试

这种做法一般能指明一些未预料到的有关安全和维护的问题，并提供有关用户服务的需求。测试的主要过程如图6-7所示。

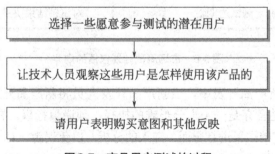

图6-7 产品用户测试的过程

2. 在贸易展览会推介新产品

贸易展览会能吸引大量的消费者，制造商可以通过贸易展览会来推介新产品，借此观察消费者对新产品的兴趣，了解消费者对新产品各种特点及价格的反应，了解购买动机或统计订了货的消费者数量，其缺点是把产品暴露给了竞争者。

3. 在分销商和经销商的陈列室中测试

制造商可以把自己的产品放到分销商和经销商的陈列室进行测试，获得在正常销售氛围下消费者对该产品的偏好信息。

4. 使用控制或测试营销的方法

制造商生产一定数量的产品，提供给销售队伍在限定的地区销售，并给予促销资助，如印刷产品目录单等。通过这种方法，产品经理能够获知在全面营销活动下消费者的反应、产品的受欢迎程度及其他可能发生的情况，做出有助于推出产品的决策。

五、互联网产品用户测试

用户测试就是让用户在执行任务的过程中，发现产品设计的不足，并为产品优化提供依据的一种方法。

根据目的的不同，用户测试可以用于定性地发现问题，也可以用于定量地比较两个竞品的优劣。

1. 第一阶段：测试前的准备

（1）编写测试脚本。测试脚本主要是指用户测试的提纲，如界面、注册、发日志等。

（2）用户招募+体验室的预定。进行一场用户测试，一般需要6~8人，根据具体情况可以酌情增减人数。产品经理要选择合适的目标用户，也就是用户测试对象，如年龄、男女比例等须符合测试要求。根据测试目的的不同，产品经理要选择合适的新手用户、普通用户或者高级用户。

（3）在用户招募困难或者时间紧急等情况下，如果只是为了发现产品中存在哪些可用性问题，降低选择用户的标准也是一种可行的方式，例如，让公司内部员工充当用户等。

2. 第二阶段：进行测试

（1）向用户介绍测试目的、测试时间、测试流程及测试规则。

（2）与用户签署保密协议，填写用户基本信息表。

（3）让用户执行任务。给用户营造一种氛围，让用户假定在真实的环境下使用产品，并让用户在执行任务的过程中，尽可能地说出自己使用产品的想法和感受。

（4）收集用户反馈。针对用户在执行任务的过程中的疑惑进行用户访谈。

（5）致谢。

3. 第三阶段：测试后总结

（1）测试后需要撰写测试报告，并通过会议将测试结果与相关人员分享。

（2）观察人员之间要即时沟通，确定特殊的可用性问题与一般的可用性问题，并汇总成简要的测试报告，以抛出问题为主，不要提过多的建议。

（3）报告确认后，召开会议，将测试结果与产品经理、交互设计人员、页面制作人员、开发人员、测试人员分享。

（4）确定产品在发布前需要进行优化的具体问题并将问题分类，确定解决问题的关键。例如，在重新设计时，产品开发人员可直接在原有基础上修改等。

第二节 上市全方位评估

一、自身的产品评估

自身的产品评估包括图6-8所示的三方面内容。

内容一	产品能否满足市场需求，有没有闭门造车的"嫌疑"
内容二	产品的定位是否合理。它的战略使命是什么？是形象产品，还是利润产品，抑或是规模分摊成本产品？它在企业产品群中的地位如何？扮演什么样的角色？
内容三	产品的资源匹配度如何。即新产品推广，资源配置是否到位？渠道是否匹配？推广费用、宣传费用是否充足？

图6-8 自身的产品评估内容

在对以上三点进行合理的评估和检核后,新产品上市就有了基础和相应准备,从而能够让企业一鼓作气进行推广,让新产品火起来。

比如,金星啤酒集团咸阳分公司曾推出了一款"野刺梨"果啤,这款产品介于啤酒与饮料之间,能够满足更多消费人群的需求,把原来不适宜饮用啤酒的老人、孩子、妇女、学生等人群也纳入了产品消费者范围。在渠道方面,除了在农村流通市场大力推广外,也在城市各类餐饮、酒店、零售、夜场等渠道进行陈列与展示,最大程度地提高产品的曝光度。同时,还通过电视、报纸等媒体进行大力度的宣传推广,对市场及消费者进行培育及引导。经过两年多的市场运作,目前该产品已经占到当地60%左右的市场份额,该款产品获得了极大的成功。

二、对市场进行客观评估

无论是多么完美的新产品,如果被推到了一个功能缺失的市场,推广工作也难免会栽跟头。有些企业的新产品在上市后,往往不顾市场的实际情况,盲目进行硬性推广,最后带来很多遗留问题,让企业很"受伤"。

正确的做法应该是对市场进行客观评估,具体的评估内容如图6-9所示。

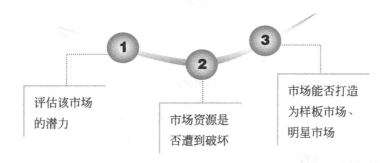

图6-9 对市场进行客观评估的内容

1.评估该市场的潜力

有潜力的市场更容易让新产品的推广取得成功,人口基数小、经济水平低、消费能力弱的市场,很难让一些高品质、高价位的新产品顺利推广。

2.市场资源是否遭到破坏

市场基础好的区域更容易成功推广新产品,那种"夹生"市场往往会让新产品的推广"胎死腹中",因此,在推广新产品前,一定要寻找那些成熟或相对成熟的市场,这样的市场由于品牌认知度高、网络资源好,更容易切入市场、融入市场。

3.市场能否打造为样板市场、明星市场

再也没有比样板市场的打造更有说服力的了，因此，在新产品上市前，一定要选择那些能够顺利打造成样板市场的区域进行推广，因为一旦成功启动这样的市场，推广工作往往可以势如破竹，快速让新产品的销量获得突破。

三、对经销商进行评估

新产品能否得到顺利而成功的推广，经销商可以说是至关重要的一环。经销商的能力、观念、经营侧重点不同，会对新产品的推广造成不同的结果，很多新产品的推广往往不是由于产品原因失败的，更多的时候是因经销商而失败的。因此，厂家要想更好地推广新产品，就要有针对性地对经销商进行有效评估和选择，具体如图6-10所示。

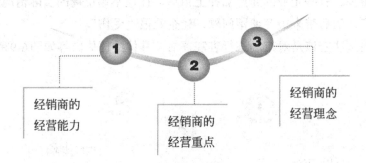

图6-10 对经销商评估的内容

1.经销商的经营能力

有些经销商推广新产品不是自己不积极，而是"心有余而力不足"，他们也想更好地推广新产品，但由于自己的网络资源、资金、运输能力、人力等方面的不足，不能为新产品上市更好地造势、借势，从而更好地予以推广。因此，选择有实力、网络资源好的经销商对新产品的推广尤其重要。

2.经销商的经营重点

评估经销商会把企业的新产品放在什么样的市场地位，清楚在其所代理的产品群里的占比情况是很重要的。只有那些把新产品推广当成第一要务的经销商，才能更好地把新产品推向市场，从而让新产品"一鸣惊人"。

3. 经销商的经营理念

一些经销商，尤其是一些从计划经济时代走过来的经销商，还残存着陈旧的经营理念，抗拒新产品的思想尤其严重，所以在选择新产品经销商时，要避开这些保守的经销商，尽量找思路超前、思想活跃的经销商，从而为新产品找到一个好的"婆家"。

比如，某一啤酒企业，其推广的箱装酒近年来取得了不俗的业绩，其成功的诀窍就是除了体现专业人做专业事之外，最重要的就是为新产品找到合适的经销商。其挑选经销商有以下条件：年龄原则上不能超过40岁，经营思想超前，重视终端的运作，有较好的服务意识等。通过这种近乎苛刻的标准挑选经销商，该厂家的新产品获得了极大的提升，取得了销量和效益的双丰收。

四、对营销团队进行评估

新产品上市前需要做的最后一个评估就是对营销团队的评估。很多新产品的推广，往往不是败在竞争对手上，而是败在了自己人手上，这个自己人，就是指企业的营销团队成员。因此，在推广新产品前，一定要对自己的营销团队进行充分评估，评估的内容如图6-11所示。

内容一	是否具备成功推广新产品的经验，是否具备新产品推广的战略眼光，有没有投机钻营思想？推广新产品经验丰富，做事有计划、有步骤、有长远眼光的营销团队，可以让新产品的推广如虎添翼
内容二	营销团队考核是否科学。新产品推广是否纳入薪酬或绩效考核？在团队新产品激励方面是否存在缺陷？在新产品推广中是否存在"软抵抗"？是否存在出工不出力、出力没效率的现象？
内容三	团队是否有冲劲。有激情、豪情满怀的营销团队，可以让新产品的推广锐不可当，能够快速让新产品在市场上火起来
内容四	团队成员优势互补情况。团队成员里是否有足够多的善于开发市场的"骑手"？有没有善于运作市场的"操盘手"？一支有共同的愿景、能力互补的营销团队，更容易让产品一马当先，获得快速的成功推广

图6-11　对营销团队评估的内容

第三节 制订新产品上市计划

在新产品商业化阶段的营销运作过程中,产品经理应在以下几方面慎重决策:何时推出新产品;在何地推出新产品;如何推出新产品。产品经理必须制订详细的新产品上市营销计划,内容包括营销组合策略、营销预算、营销活动的组织和控制等。

一、确认是否将产品商品化

通过市场测试,产品经理可获得更多的市场信息,与公司管理层共同决定是否推出新产品、是否将其商品化。

对于新面世的产品,应为其确定一个好的品牌名称,对其进行包装,此时应注意以下事项。

第一,产品名称。

第二,商标注册的条件。在各个国家,商标注册都有各自的要求,产品经理可以查阅不同国家的商标法。通常情况下,商标注册的条件:注册的目的不能是不道德的或带有欺骗性的;商标的名称不能是对某类产品过于细节性的描述;不能与已使用的商标相同。

第三,确定新产品的包装。新产品的包装应满足以下功能:识别功能、便利功能、美化功能、想象与联想功能。在对新产品进行包装时可采取类似包装、配套包装、再使用包装、附赠品包装等策略,使新产品的包装设计满足促销性、工艺性、时尚性、独特性等基本要求。

第四,选择进入方式。在商品化的过程中,新产品进入市场的时机非常关键。与竞品相比,可选择3种进入时机,具体如图6-12所示。

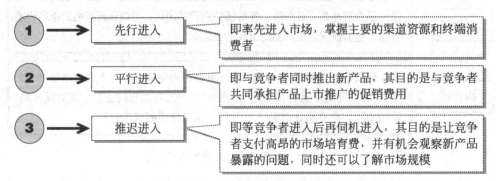

图6-12 新产品进入市场的时机

二、制订新产品上市计划表

新产品上市的准备工作牵涉面广，需要各方按时完成分内工作，因此，产品经理需要制订准确的上市计划表并严格执行。新产品上市计划表，如表6-1所示。

表6-1 新产品上市计划表

项目	序号	工作内容	具体内容	任务目标要求	责任部门	完成时间
测试阶段	1	新产品试制				
	2	竞争产品上市策略调查				
	3	新产品市场测试定点的选择				
计划阶段	1	上市计划提请核准				
	2	新产品上市最终确认				
广告促销准备	1	广告完成				
	2	广告促销品的制作				
	3	促销活动的确认				
进店准备	1	新产品进店的前期准备				
批量生产	1	批量生产所需原材料到位确认				
	2	批量生产				
	3	大众媒体投放				
投放市场	1	广告宣传品、促销品运送市场				
	2	产品运送市场一线				
执行	1	执行产品上市计划				
	2	竞争产品上市策略调查				
	3	竞争产品卖点分析				
	4	上市工作问题反馈调查				
	5	产品市场调查分析				
价格	1	价格波段分析				

三、制订新产品营销计划

对于不同行业的企业，新产品营销计划的差异很大。以下的新产品营销计划模板仅供参考。

 范例 ▶▶▶

新产品营销计划模板

一、引言
1.新产品名称——未注册的品牌或商标
2.目标市场及细分市场之间的区分
3.计划的有效期限
4.参与编制计划的人员
二、形势分析
1.市场描述
（1）用户及其他市场参与者
（2）购买产品的过程
（3）竞争者：直接的竞争和间接的竞争
（4）竞争战略：预测的生命周期阶段
（5）总体市场及相应细分市场的市场占有率
① 销售数量/销售金额
② 促销活动
③ 利润
（6）有效的分销渠道
（7）外部环境的关键因素
2.新产品描述，包括产品性能、用户反应、包装、竞品的资料等
三、机会和问题概述
1.市场在开发中的主要机会
2.市场在开发中需要解决的主要问题
四、战略
1.总体指导战略说明——关键目标和个体目标的主要内容，包括数量和质量标准

2.市场细分和产品定位

3.总体营销方向

（1）产品的总体作用，包括产品计划的变动

（2）广告的总体作用

（3）个人推销的总体作用

（4）其他手段的总体作用，如贸易展销会和商品示范等

（5）批发商与零售商的总体作用

（6）价格政策及详细说明，包括折扣、协议及计划变动

（7）非市场营销部门的作用

五、经济概述

1.销售数量预测（对某一时期某种产品而言）

2.销售额预测

3.各种活动的费用预算

4.间接费用与利润贡献、预计收入

5.风险说明

6.说明需要的或计划的资金投入及随后的现金流

六、战术计划

1.战术1，如广告

2.战术2，如个人推销

3.其他战术，依次为分销、定价、产品改进、商标、包装、专门促销、公共关系、技术指导、担保等

4.列出所有即将开发的有创造意义的战术

七、控制

1.关键目标控制

2.有效降低费用的关键市场条件

3.信息收集的顺序和预算

（1）内部的

（2）外部的

八、对主要支持性活动的概述

包括所有非营销部门的活动，如仓储、数据处理、技术服务、研究与开发、财务、人事和公共关系等部门的活动，在概述中应列出任务、时间和个人责任。

九、活动程序

计划期关键活动应按年月顺序排列。

确定计划的作用时效也是很常见的。短期营销计划适合生命周期短的消费品，期限只有3~4个月，而一些工业品营销计划的期限是无限制的。

四、设定渠道目标

在产品上市时必须制定详细的铺货目标并进行分解，这样不仅可使销售人员有章可循，而且也可作为事后评估的标准。建议在设定目标时参照SMART法则。

SMART法则指的是在制定目标的时候应该遵循的5项原则，具体如图6-13所示。

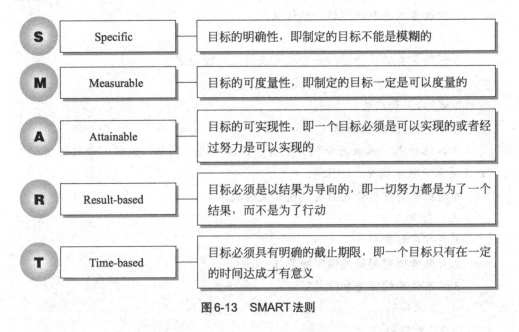

图6-13　SMART法则

五、编制分销合同

产品经理可以通过完善的分销合同加强对渠道的控制。同时，分销合同也能帮助销售人员对中间商进行开发与管理。分销合同的主要条款与以下内容相关：

有效日期、分销商责任、供货条件、销售计划、产品陈列、促销安排和销售管理资源。

不同的行业，分销合同的主要条款会略有不同，产品经理应根据本公司的行业特点编制所负责产品的分销合同。

第四节 上市计划的执行与控制

一、召开上市发布会

1. 内部发布会

召开内部发布会的主要目的是让营销人员了解产品知识、铺货目标，更重要的是鼓舞全体营销人员的士气。内部发布会的内容如图6-14所示。

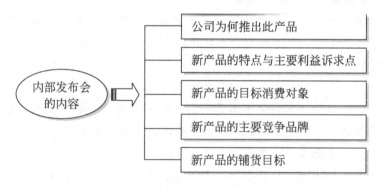

图6-14 内部发布会的内容

2. 主要用户发布会

产品经理可以邀请主要用户的采购人员参加，目的是借此宣传新产品的特点与销售展望，最好能让他们当场下订单。这种对外的发布会一般选择在市区的大饭店，发布的内容侧重在以下几点。

（1）新产品特征及主要利益诉求。

（2）目标消费群体。

（3）广告片及广告投入计划。

（4）促销支持等。

一点通

发布会的时间一般不要超过30分钟,且要留下茶点时间,让公司主管有机会与平日较少接触的采购人员交流。同时,准备一些纪念品送给与会人员(最好是礼盒包装的新产品),感谢他们参加发布会。

相关链接 　　　　　　　　　**如何举办新品发布会**

产品发布会,也称新品发布会,简称发布会。对商界而言,举办新品发布会,是自己联络、协调与客户之间的相互关系的一种最重要的手段。新品发布会的常规形式是由某一商界单位或几个有关的商界单位出面,将有关的客户或者潜在客户邀请到一起,在特定的时间和特定的地点举行一次会议,宣布一款新产品。对于企业来说,新品发布会的流程制定非常重要,由于企业新品发布会关系着未来的销售,所以产品发布会的预备、过程和事后处理都非常重要。

一、企业新品上市发布会的预备

筹备新闻发布会,要做的预备工作很多,其中最重要的是要做好时机的选择、职员的安排、记者的邀请、会场的布置和材料的预备等。

1.时机的选择

在确定新品上市发布会的时机之前,应明确以下两点。

(1)确定新品上市新闻发布的价值,即对此新品,要论证其是否具有专门召集记者前来予以报道的新闻价值,要选择恰当的新闻"由头"。

(2)应确认新品上市发表的最佳时机。

假如基于以上两点,确认要召开新品上市发布会的话,要选择恰当的召开时机:要避开节假日,避开本地的重大活动,避开其他单位的发布会,还要避免与新闻界的宣传报道重点相左或"撞车"。选择恰当的时机是企业新品上市发布会取得成功的保障。

2.职员的安排

企业新品上市发布会的职员安排关键是要选好主持人和发言人。发布会的主持人应由企业的公关部长、办公室主任或秘书长担任,其基本条件是见多识广,反应灵活,语言流畅,幽默风趣,善于把握大局,引导提问和控制会场,具有丰富的主持会议的经验。

新闻发言人由本单位的主要负责人担任,除了在社会上的口碑较好、与新闻界的关系融洽之外,对其基本要求是修养良好、学识渊博、思维灵敏、能言善辩、彬彬有礼。

新品上市发布会还要精选一批负责会议现场工作的礼节接待职员，一般由相貌端正、工作认真负责、善于交际应酬的年轻女性担任。值得注意的是，所有出席发布会的职员均需在会上佩戴事先统一制作的胸卡，胸卡上要写清姓名、单位、部门与职务。

3.记者的邀请

对出席新品上市发布会的记者要事先确定其范围，具体应视题目涉及范围或事件发生的地点而定。一般情况下，与会者应是与特定事件相关的新闻界人士和相关公众代表。企业为了提升知名度、扩大影响而公布某一消息时，邀请的新闻单位通常多多益善。邀请时要尽可能地先邀请影响大、报道公正、口碑良好的新闻单位。如事件和消息只涉及某一城市，一般就只请当地的新闻记者参加就可以了。

另外，确定邀请的记者后，请柬最好提前一周发出，会前还应通过电话提醒。

4.会场的布置

新品上市发布会的地点除了可考虑在本单位或事件所在地举行外，还可考虑租大宾馆、大饭店，假如希望造成全国性的影响，则可在首都或某个一线城市举行。发布会现场应交通便利、条件舒适、大小合适。会议的桌子最好不用长方形的，要用圆形的，大家围成一个圆圈，显得气氛和谐、主宾同等，当然这只适用于小型会议。大型会议应设主席台席位、记者席位、来宾席位等。

5.材料的预备

在举行新品上市发布会之前，企业要事先预备以下材料。

（1）发言提纲。它是发言人在发布会上正式发言的提要，它要紧扣主题，原则是全面、正确、生动和真实。

（2）题目提纲。为了使发言人在现场正式回答提问时表现自如，可以在猜测被问的主要题目的基础上，形成问答提纲及相应答案，供发言人参考。

（3）报道提纲。事先必须精心预备一份以有关数据、图片、资料为主的报道提纲，并打印出来，在发布会上提供给新闻记者。在报道提纲上应列出本单位的名称、联系方式等，便于日后联系。

（4）形象化视听材料。这些材料供与会者利用，可增强发布会的效果。材料包括图表、照片、实物、模型、录音、录像、影片、幻灯片、光碟等。

二、新品上市发布会进行过程中的礼节

1.做好会议签到

要做好发布会的签到工作，让记者和来宾在事先预备好的签到簿上签下自己的姓名、单位、联系方式等内容。记者及来宾签到后，按事先的安排把与会者引到会场就座。

2. 严格遵守程序

要严格遵守会议程序，主持人要充分发挥主持者和组织者的作用，公布会议的主要内容、提问范围以及会议进行的时间，一般不要超过两个小时。主持人、发言人讲话时间不宜过长，过长则会影响记者提问。对记者所提的题目应逐一回答，不可与记者发生冲突。会议主持人要始终把握会议主题，维持会场秩序，主持人和发言人会前不要单独会见记者或提供任何信息。

3. 留意相互配合

在发布会上，主持人和发言人要相互配合。为此，要明确分工、各司其职，不可越俎代庖。在发布会进行期间，主持人和发言人通常要保持一致的口径。当新闻记者提出的某些题目过于尖锐难以回答时，主持人要想方设法地转移话题，不要使发言者难堪。而当主持人邀请某位记者提问之后，发言人一般要给予对方适当的回答，否则对那位新闻记者和主持人都是不礼貌的。

4. 态度真诚、主动

发布会自始至终都要留意接待记者的态度，因为接待记者的水平直接关系到新闻媒体发布消息的成败。记者希望接待的职员对其尊重、热情，并了解其所在的新闻媒体及其作品等；还希望接待的职员提供工作之便，如一条有发布价值的消息，一个有利于拍到照片的角度。

三、新品上市发布会的善后事宜

发布会举行完毕后，企业应在一定的时间内，对其进行一次认真的评估善后工作，主要包括以下内容。

1. 整理会议资料

整理会议资料有助于全面评估发布会的会议效果，为今后举行类似会议提供借鉴。发布会后要尽快整理会议记录材料，对发布会的组织、布置、主持和回答题目等方面的工作进行回顾和总结，从中汲取经验，找出不足。

2. 收集各方反馈

首先，要收集与会者对会议的总体反馈，检查在接待、安排、服务等方面的工作是否有欠妥之处，以便今后改进。其次，要收集新闻界的反馈，了解与会的新闻界人士有多少人为此次新闻发布会发表了文章，并对其进行分类分析，找出舆论倾向，同时，检查各种报道，若出现不利于本企业的报道，应做出良好的应对。若发现不正确或歪曲事实的报道，应立即采取行动，说明真相；假如是自己失误所造成的，应通过新闻机构表示谦虚接受的态度并致歉，以挽回声誉。

二、做好内部培训

产品经理还要确定所有产品及沟通议题都已经被充分考虑，包括内部和外部的。同时，检查受订和支援系统是否都已准备就绪，是否足以支持产品上市后的订货需求。如果你还没有完成上述事项，赶快和销售管理、人力资源及其他相关部门讨论，并准备上市所需的培训课程。

新产品培训的对象除了销售人员之外，还包括用户服务、技术支持及其他负责与用户接洽的工作人员，这些工作都有可能影响新产品推广的成败，虽然这些工作人员可能不需要拥有类似如何销售的信息，但他们应该知道这个产品对公司的重要性，谁将给顾客提供哪一类的帮助，以及如何回答预期中的问题。

这些培训的目的是让现场销售人员熟悉产品，做好充足的准备销售新产品。

新产品培训最常见的问题在于训练内容往往偏向于产品能做些什么，而不是产品如何使用户获益，具体建议步骤如图6-15所示。

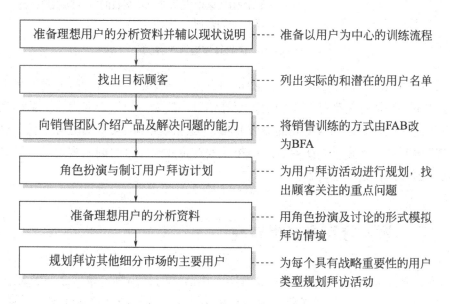

图6-15　新产品培训的建议步骤

如前所述，销售人员需要了解用户需求，需要知道产品如何使用户得到益处。需要切实地了解以下问题：新产品希望解决或改善用户现在碰到的哪些问题？有哪些改进或变动是被期待的？用户有多殷切地盼望带来这些改变？他们如何客观地判断你的产品？是否能够提供所期望的结果？

企业在培训中若将关注的焦点转向满足用户需求，销售团队的绩效就会因此提升。在培训中，销售团队应该人手一份新产品的宣传组合材料，包括内部资讯、销售工具、行销辅助品等，具体培训内容如图6-16所示。

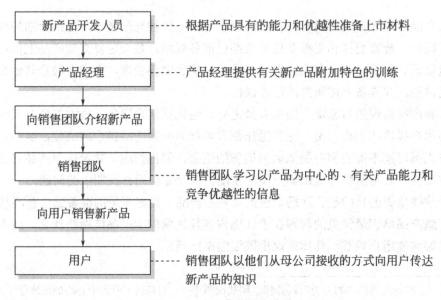

图6-16 企业具体培训内容

图6-16所示的是以需求为中心的培训方式，只是激励销售团队的第一步。销售团队希望知道有关产品上市的销售管理细节，例如，他们会因为售出新产品得到额外的收益（如红利或更高的提成）吗？这种较优厚的奖励期限有多长？对他们的销售配额有何影响？如何追踪销售绩效？企业也应有明确的规定，并以文件或培训的形式传达这些内容。

三、激励经销商及零售商

人们通常把产品正式宣布上市当作上市活动的最高潮，事实上这只是个开始。执行上市工作需要将试销计划逐一落实，包括为新产品争取知名度、铺货、让顾客尝试购买等，因此产品经理需要训练并激励负责的相关人员。

经销商及零售商对新产品的兴趣虽和内部相关人员不同,但他们在把产品提供给用户的过程中扮演着关键的角色。产品经理不仅需要让经销商相信,投资本企业的新产品是正确的决定,还应该激励他们创造最佳的环境,让产品成功上市。因此,产品经理必须了解以下情况。

(1) 他们的销售人员需要怎样的训练?

(2) 要有多少存货才够?

(3) 新产品是否有最低上架空间的需求,或是需要特定的架上布置与陈列方式才能奏效?

(4) 经销商在推广产品时是否需要协助?

当产品经理让经销商相信新产品可以增加他们的收入或帮助他们提高营运效率时,他们就会愿意推广你的新产品。产品经理要让他们相信你的确有一款优秀的产品,而且你会一直在背后支持这款产品。以下列出了一些可以用来激励渠道伙伴的工具,具体如表6-2所示。

表6-2 可以用来激励渠道伙伴的工具

工具	说明
加大对经销商的支持	(1) 针对产品的最终使用者制作广告,提高品牌拉力 (2) 暂时仅在市面提供新品或少数筛选后的产品 (3) 提供交易协助以增加销售
增加经销商的毛利	(1) 暂时提高基本经销利润率 (2) 为了推广新产品而提供折扣 (3) 预付折让金额
改善经销商的效率	(1) 提供营运培训(管理、存货、财务、行销技巧等)以增进经销商的营运绩效 (2) 提供参与其他销售技巧训练的补助款 (3) 直接配送(Drop ship)产品给经销商的顾客 (4) 提供优良的销售线索给经销商 (5) 协助将产品重新包装以符合空间上的要求
降低经销商持有新产品的风险	(1) 免费或以优惠的价格提供初期产品知识培训 (2) 展示有关用户对产品接受度的证明 (3) 短期内提供比平常优惠的退货办法 (4) 完成新产品的预售动作,例如,通过广告、商业展览及其他方式进行营销

四、让用户接受

获得用户的接受（主要通过试用的方式）是上市初期的首要目标。建立知名度是迈向用户接受的第一步，也是产品经理先前在营销沟通、销售训练及渠道激励上所有努力的具体成果。

下一步就是用户试用，用户试用的方式有图6-17所示的两种。

> 对于小型、单位毛利低的产品，可以通过赠送样品来鼓励试用

> 对于较大的产品，可以将产品放在某个用户的营运单位进行测试

图6-17　用户试用的方式

这些做法可以让用户接触样品，而不需要全面替换所有现有产品，因此能降低用户拒绝的风险。但有些产品则不能以上述方式来试用，如资产性设备。针对这种情况，有的企业发明出虚拟试用。

比如，用户试驾一辆新的消防车或推土机；印刷设备制造商通过试做用户的产品以展示新型印刷机的功能。

五、早期绩效追踪

1.追踪销售业绩

虽然新产品最终的成功反映在销售业绩上，但是产品经理越早发现潜在的问题并采取改正行动，效果就越好，这意味着产品经理要在销售前就开始追踪。例如，如果每进行4次销售拜访会拿到一张订单，那产品经理就需要知道已经就新产品进行了多少次销售拜访。而为了鼓励销售人员多做销售拜访，产品经理可能需要在初期（暂时地）为特定行为（进行适当的销售拜访）所获得的结果（达成销售）提供诱因。

2.货架上的产品状况

放置在零售商或经销商货架上的产品也可以作为追踪的标的。产品经理在追

踪货架上的产品时要重点关注以下问题。

（1）有多少经销商（或零售商）正在囤进你的产品？
（2）其中又有多少经销商按比例给了新产品恰当的上架空间？
（3）展示位置是否容易被顾客看到？
（4）你的渠道伙伴在这些领域的绩效如何？

3.新产品在顾客中的知名度

新产品在顾客中的知名度是另一个在销售发生前就应满足的条件。想要评估产品的知名度，需要进行顾客调查。有时候，把你的营销沟通计划和实际结果对比，可以找出潜在的改正方向。

比如，你实际发了多少张宣传单？商业展览中的产品展示效果如何？广告是否按规划进行了投放？广告受众反应怎样？

第五节　上市后追踪与市场评估

一、上市后的早期追踪修正

产品上市后，产品经理要继续追踪新产品是否成功，以及在必要时启动紧急应变计划。最后，还要检视整体上市的流程，为制订下一个新产品发展计划做准备。若想用上市控制系统决定产品是否成功，产品经理可以从追踪下列几种衡量指标开始做起。

（1）销售量。
（2）回报率。
（3）折扣。
（4）用户接受度。
（5）竞争者反应。
（6）服务电话。
（7）股东价值。

产品经理必须决定哪些指标最有助于找出问题所在。例如，可以设计一个追踪系统，并决定追踪的频率。下列信息可以用来制订控制计划，如表6-3所示。

表6-3 控制计划例示

可能发生的问题	追踪	应变计划
销售人员未能依预设的速度和一般市场接触	追踪每周的拜访报告。这个计划要求每位业务代表每周至少做10个一般性目的的拜访	如果实际活动情形低于这个水准超过3个星期,就需要举行一整天的区域销售会议,寻求补救措施
销售人员可能无法了解产品的新特性以及如何在一般市场中推销	销售经理每天要追踪一位业务代表,在两个月内要对整个销售团队完成检验视察	在与业务代表个别会谈时当面澄清问题,但是如果从前10个业务代表的访谈中发现了普遍存在的问题,那就必须召开特别的电话会议,把产品的完整诉求向整个销售团队再重述一次
潜在顾客并未购买产品	每周通过10次电话或微信追踪那些已经听过产品销售说明的潜在顾客。其中,必须要有25%的顾客认同产品的一项主要特性,而在这之中又有30%的顾客尝试下订单	要求业务代表进行微信电话、微信销售追踪,并且以提供50%的首次购买折扣作为补救方案
买家下了试用订单,但是没有再次下单	展开另一系列的电话访谈或微信追踪,对象是那些曾经试订的用户。估计其中有50%的顾客会在6个月内再下单	暂时没有可供使用的补救措施。因此,我们必须了解为什么会造成用户使用上的错误。可以对关键用户进行实地拜访,以确定问题所在以及后续应该采取的行动
可能具有相同的新特性(而我们并没有专利保护)的产品打算要上市	这种情形是无法追踪的。多向供应商或媒体打听,可以帮助我们更快掌握这些消息	补救计划是在60天内停止所有推广活动,开始在销售现场只销售新产品,给用户外加50%的首次购买折扣,并直接向其发送两封特别的微信或邮件。针对前面提到的几种追踪方式,更加严密地进行监控

有时可以通过修改营销策略让新产品重回正常的轨道。实际做法包括重新定位产品、换新包装、套装销售或拆开销售、改动价格、找出新市场或新顾客、改变渠道以及选择另外的合作企业;有时需要修正产品策略,修正的内容可能包括修改产品、暂时将产品下市、永久性地放弃这款产品,或者把这款产品的相关权利转售给别人。

二、上市后的市场反馈与评估

1. 市场反馈

反馈是市场链中最重要的一环,也是营销系统PDCA闭合循环中最重要的一环。没有反馈,我们就无法判断我们的决策力,也无法判断我们的执行力。有了反馈,产品经理就可以了解以下几点。

(1) 决策是否可行?

(2) 执行是否到位?

(3) 是否走在了销售之前?

(4) 产品概念怎么样?

(5) 销售有没有压力?

(6) 有没有出问题?

(7) 推广是否与销售很好地结合?

(8) 是否避开了竞争对手的冲击?

(9) 促销是否独树一帜?

(10) 促销物是否真正到达终端消费者的手中?流失率多高?

(11) 发货、出货、回款三者的数字是否统一?

(12) 价格体系是否混乱?

(13) 最大的成绩是什么?

(14) 最大的不足又是什么?

(15) 竞争对手的销量怎么样?

(16) 能否在第一时间不仅拿到自己的分产品、分区域、分型号、分价位的准确市场数据,还能拿到对手的?

等等以上这些都需要我们厘清和反馈。当然,反馈不仅仅是从市场中来的数据和反馈,还包括到市场中去的反馈。事中的反馈主要是为了解决问题,事后的反馈是为了维持和改善现状,而不仅是解决问题,可能很大程度是一个系统的改善或机构的调整等。

2. 上市后的市场评估

有了反馈的信息和数据,我们就要进行评估,包括从决策到管理到执行的每个环节及其循环的横向评估,从成本到效益的每个环节的评估及其结合的纵向的评估,到最后的系统的立体评估。这包括决策评估、管理评估、执行评估、成本评估、效益评估、系统评估等。只有这样，我们才能真正总结过去，面向未来；反思不足，发扬优点；检讨失误，走向成功。

新产品的上市，表面上是营销系统的事，实际上是整个组织系统能力的检阅。总之，新产品推广是一项系统工程，需要营销价值链上的各个环节进行联动和互动。其实，产品经理只要做好了新产品上市前的各项准备工作，并及时、认真地做好产品、市场、经销商以及营销团队的系统评估，因地制宜地采取一些相关策略，实施资源聚焦，不盲目、不投机，新产品的成功推广并不是梦。

第 7 章

产品推广

导言:

产品推广是新产品走向市场,获得消费者和客户认可的第一步,如果没有产品推广的推波助澜,那么新产品也很难有机会接触到消费者和客户,更不会吸引到大量顾客。因此,产品经理要做好新产品的推广工作。

第一节 产品推广的两大思维

一、传统产品的推广思维

做任何事情之前,都需要有一个清晰的执行思路,做产品推广也一样。如果产品能够提供给消费者独特的比较优势,那么它就有可能获得竞争优势。对于传统产品,产品经理可按图7-1所示的思路,来做好产品的市场推广策划。

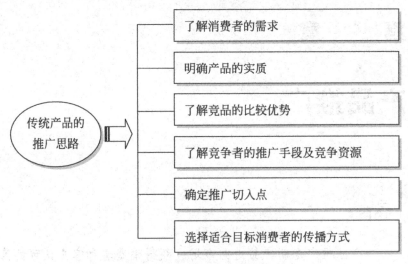

图7-1 传统产品的推广思路

1.了解消费者的需求

产品经理在进行产品市场推广时,要站在消费者的立场发现需求,主要需要了解以下内容。

(1)企业推广的产品与目标消费者想购买的产品之间的联系。

(2)消费者的生活状态、心理状态。

(3)消费者对本类产品的态度。

2.明确产品的实质

明确产品的实质,即弄清楚产品能满足消费者什么需求。产品经理可在明确顾客需求的情况下,运用图7-2所示的FAB法则详细分析产品。

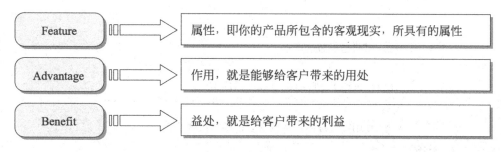

图7-2　FAB法则

3. 了解竞品的比较优势

产品经理可利用FAB法则与竞品作比较，找到自己产品的比较优势，从而决定采取何种策略。

4. 了解竞争者的推广手段及竞争资源

知己知彼方能百战百胜，产品经理在进行产品市场推广时，要了解竞争对手的信息，如推广手段、竞争资源等，只有这样，才能避开对手的锋芒，在策划中体现产品的比较优势。

5. 确定推广切入点

产品经理需要了解产品应满足消费者哪些方面的需求，并确定推广切入点，产品经理可以从以下几个方面着手。

（1）消费者为什么要购买你的产品？
（2）产品是否能提升消费者的生活质量？
（3）购买产品是否方便？
（4）产品的价格是否合适？
（5）是否能给予消费者具有吸引力的购买理由？

6. 选择适合目标消费者的传播方式

依据产品的刺激点挖掘与消费者的接触点，即选择适合目标消费者的传播方式（如广告、公关、营销推广、人员推销）和运用各种传播工具组合的策略。

二、互联网产品的推广思维

对于互联网产品来说，产品经理可以参照图7-3所示的思维来进行产品的市场推广策划。

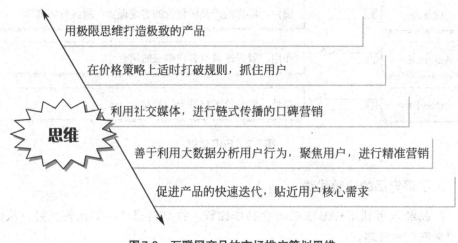

图7-3 互联网产品的市场推广策划思维

1. 用极限思维打造极致的产品

在互联网时代，信息爆炸让消费者的选择越来越多，选择时间越来越短，用户的耐心也越来越少。线上操作只需要点击一下鼠标，这让用户的转移成本几乎为零。

（1）对于产品线的规划，在产品设计方面做减法，要专注，认真做成一件事，在一定时期集中力量实现突破。

（2）品牌定位也要专注，给消费者一个选择你的理由，一个就足够。外观要简洁，内在的操作流程要简化。

2. 在价格策略上适时打破规则，抓住用户

不是所有企业都能选择免费策略，免费策略的具体运用因产品、资源、时机而定。量变产生质变，只要互联网产品的用户活跃数量达到一定程度，就会产生质变，这种质变往往会给该公司或者产品带来新的商机或者价值。QQ若没有当年的坚持，也不可能有今天的企业规模。在注意力经济时代，先把流量做上去，才有机会思考后面的商机或者产品价值。

3. 利用社交媒体，进行链式传播的口碑营销

社交媒体就是口碑营销，口碑营销不是自说自话，而是站在用户容易接受的角度、以用户的方式和用户沟通。以微博为例，小米公司有30多名微博客服人员，每天处理的私信有2000多条，应对的提案、评论等有四五万条，他们在微博上与用户积极互动，从而让这个品牌深入人心。

4. 善于利用大数据分析用户行为，聚焦用户，进行精准营销

用户在网络上一般会产生信息、行为、关系3个层面的数据。例如，用户登录电商平台，会填写注册邮箱、手机号、地址等，这是信息层面的数据；用户在网站上浏览、购买了什么商品，这属于行为层面的数据；用户把这些商品分享给了谁、找谁代付，这些是关系层面的数据，这些数据有助于企业进行预测和决策。然而利用大数据的关键在于数据挖掘，有效的数据挖掘才可能产生高质量的分析预测，海量用户和良好的数据资产将成为未来企业的核心竞争力。

5. 促进产品的快速迭代，贴近用户核心需求

互联网产品能够做到迭代主要有两个原因：第一，产品供应到消费的环节非常短；第二，消费者的意见反馈成本非常低。这里面有两个点，一个"微"，一个"快"。"微"是指要从细微的用户需求入手，贴近用户，在用户的参与和反馈中逐步改进，可能一个你认为不起眼的点对用户却非常重要。"快"是指只有快速地对消费者需求做出反应，产品才更贴近消费者。好产品是运营出来的，一个微创新是改变不了世界的，因此需要持续不断的微创新。这里的迭代思维，意味着我们必须及时乃至实时地关注消费者需求，把握消费者需求的变化。

相关链接　　　　互联网的八大思维模式

1. 用户思维

用户思维即在价值链各个环节中都要以用户为中心考虑问题，它是互联网思维的核心。好的用户体验应该贯穿于产品或服务的每个细节，这种细节能够满足用户的需求，并超过用户的预期，给用户带来惊喜。

2. 简约思维

简约思维是指在产品规划和品牌定位上力求专注、简单，在产品设计上力求简洁、简约。极致思维就是把产品和服务做到极致，把用户体验做到极致并超越用户预期。互联网时代的竞争，只有第一，没有第二。只有做到极致，才能够真正赢得消费者，赢得人心。

3. 迭代思维

敏捷开发是互联网产品开发的典型方法论，是一种以人为核心、注重迭代、循序渐进的开发方法，它允许产品有不足，并在持续迭代中完善产品。

4. 流量思维

流量意味着体量，体量意味着分量。"目光聚集之处，金钱必将追随"，

流量即金钱，流量即入口，流量的价值不必多言。

5. 社会化思维

社会化商业的核心是指企业面对的用户是以网络的形式存在的，这将改变企业的生产、销售、营销等。

6. 大数据思维

大数据是指无法在一定时间范围内用常规软件工具进行捕捉、管理和处理的数据集合。大数据思维是指用对大数据的认识了解企业资产以及关键竞争要素。

7. 平台思维

互联网的平台思维就是开放、共享、共赢的思维。平台模式最有可能成就产业巨头。在全球最大的100家企业里，有60家企业的主要收入来自平台商业模式，包括苹果、谷歌等。平台盈利模式大多不需要"一手交钱，一手交货"。

8. 跨界思维

随着互联网和新科技的发展，纯物理经济与纯虚拟经济开始融合，很多产业的边界变得模糊。互联网企业的触角已经深入零售、制造、图书、金融、电信、娱乐、交通、媒体等各个行业。阿里巴巴、腾讯相继申办银行，小米做手机、做电视，这些互联网企业能够参与乃至赢得跨界竞争是因为它们一方面掌握用户数据，另一方面又具备用户思维，自然能够携"用户"以令"诸侯"。

第二节 产品推广的三大渠道

由于行业、产品特性以及目标用户的不同，推广渠道和方式也略有所差异。究竟是选择单一渠道，还是多渠道内容同时发力，要根据产品特性、目标用户人群消费行为特征，以及现有能调动的资源等因素具体考量。

一、网站推广

网站推广包括自建网站推广、知名网站付费硬广、软文推广等。

相比较来说，企业自建网站性价比最高，通过竞价（付费抢占排名）或者 seo 优化（自然排名）做好网站排名，后者通常能大大降低直接投放广告的成本。

> **一点通**
> 网站是一个公司的门面，也是一个绝佳的产品展示平台，根据产品的风格及特性，策划网页，建设网站，能辅助树立品牌形象。

虽然现在进入了移动互联网时代，但是，官网仍然是企业，特别是 B2B 企业在宣传过程中不可忽视的一个载体。因此，传统行业涉足互联网最先应该做的就是网站，因为官网+搜索引擎营销，是网络营销见效最快的方式之一。

企业自建网站，应注意以下事项。

（1）网站建设不要图省事直接套用模板，因为不管是百度还是你的客户，都不喜欢生搬硬套的模板网站。应考虑建设一个易优化、能抓住客户的营销型网站。

（2）网站建设是一门技术活，建站之前最好找专业人员咨询一下，或者找专业的网络营销服务公司做。

（3）网站建好之后还要有专业的运营，不是做好了就放在那里等着客户来询盘，期间还要做好必要的维护和优化。

二、自媒体推广

自媒体，互联网术语，是指私人化、平民化、普泛化、自主化的传播者，以现代化、电子化的手段，向不特定的大多数或者特定的单个人传递规范性及非规范性信息的新媒体的总称。

自媒体是目前比较热门的一种推广渠道，通过策划有可读性的软文内容，把产品写进文章里，然后利用自媒体平台发布，覆盖面广、权威性较强、转化效果极佳。

自媒体推广的表现形式有以下几种。

1. 公众号推广

通过公众号，企业可以把自己的产品、活动还有文化传播给用户，用户再通过朋友圈告诉他的朋友，就形成了一个巨大的企业粉丝圈。而且开通公众号几乎没什么成本，却是很好的推广渠道。

通过公众号推广时，应注意以下事项。

（1）现在公众号打开率比较低，一定要输出高质量的内容，才能吸引用户并且提升用户黏性，高质量的东西才能吸引用户转发。

（2）因为现在公众号特别多，而且订阅号改版信息流的文章展现形式，你在输出高质量内容的同时别人也在输出，所以要重视发文频率，否则时间长了粉丝容易理解成僵尸号，掉粉特别厉害，甚至忘记你。

（3）做公众号不要只顾销售，没有营销，一上来就发产品介绍想要卖东西，基本没有营销布局，没有铺垫，用户会很反感。

（4）要有互联网思维，企业公众号粉丝不到200的情况下，最好不要发产品广告，要先达到一定的粉丝量才会显现出价值来。

2. 小程序推广

很多传统行业做互联网会先用小程序做试水，毕竟小程序是最贴近营销型工具又简单轻便的一种，随身带个手机就能和客户沟通。

小程序是缩小版的APP，但是却不像APP一样占内存，自动适配所有手机，在使用上更简单、轻便，用完就走是小程序最讨喜的地方。小程序一样可以上传产品介绍、价格等信息，客户可以直接在上面询盘、下单。自带微客服功能，客户可以直接和小程序管理员沟通。

通过小程序推广应注意以下事项。

（1）微信小程序还在不断地成长中，技术框架目前还不是很稳定，开发方法时常有修改，需要专业运营人员或团队。

（2）微信小程序比较适合的行业有线下业务实体店、生活工具类、简易电商类、本地O2O类。

（3）"早做准备先占位"错不了！随着微信对于小程序的大力扶持，各种功能的不断增加，使得小程序在各个行业都展示出了强大的影响力，将会为各个行业带来一次巨大的商业机会。

3. 微博推广

和企业官网相比，微博不但为用户提供了便捷的互动入口，而且企业运营人员也可以快捷地对用户的问题进行解答，树立企业正面形象。对于这个问题，我体会最为深刻。

比如，十一期间游客去成都玩耍，因为酒店住宿的问题微博@了某团购网官方微博，官方微博在游客发微博后的5分钟之内便私信于他，为游客提供了相应的解决方案。随后的时间，该官方微博也一直关注游客的个人微博，在得知游客对酒店方有不满之后，督促酒店方向游客道歉。

在整个过程中，企业与用户以微博为载体，实现了很好的沟通，避免了事情的恶化，从而也树立了品牌正面的形象。所以微博对于企业的品牌形象建立和维护能起到不可替代的作用。

4. 博客推广

博客作为一个分享平台，对内容质量要求较高，注重打造个人IP、积攒人气。要做好博客推广，需要花费一定的时间去经营。如果仅仅是短期内快速经营产品，可将重点放在提升产品曝光率上。

三、第三方载体推广

对于企业方来说，第三方载体的范围主要有新闻媒体、百度体系产品、论坛、视频平台等，其中每一个平台在用户中有着一定影响力。第三方载体分类如图7-4所示。

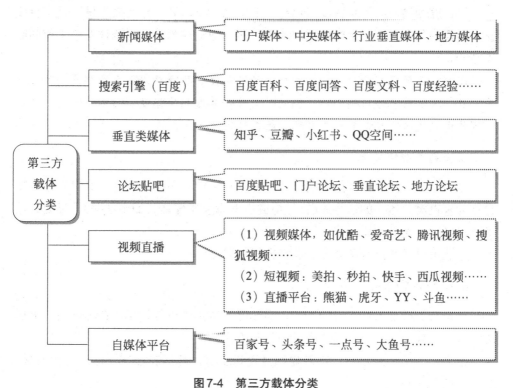

图7-4 第三方载体分类

1. 新闻媒体体系

在纸媒盛行乃至互联网初期，由于企业对外宣传渠道的局限，新闻媒体成为很多企业链接消费者的主要渠道。在互联网中后期，网媒则是很多企业对外发声的重要平台。

产品经理在选择新闻媒体体系时，应注意图7-5所示的事项。

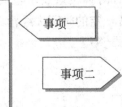

图7-5 选择新闻媒体体系推广应注意的事项

2. 搜索引擎体系

以百度为例，因为是百度自己旗下的产品，权重高，排名效果好，又有百度搜索引擎为其带来源源不断的用户流量，所以他们成为搜索引擎体系最主要的载体之一。

比如，百度问答推广不论是推广产品还是提升品牌整体知名度都是必不可少的一类。通过第三方口碑营销，能同时提升知名度和美誉度，问答的不足之处在于操作讲究技巧，且需要长久累积，胜在转化效果优良。

3. 垂直类媒体体系

这只是一个基于媒体属性的分类，如果从行业的角度来细分，又可以分为旅游行业垂直类媒体（如途牛旅游）、电商行业垂直类媒体（如小红书）、母婴行业垂直类媒体（如宝宝树）等。

企业可以根据自身所处行业进行选择拓展。

4. 论坛贴吧体系

论坛其实就是人们常说的BBS，而贴吧其实本质也是论坛，在论坛最为火爆的年代，天涯、猫扑、西祠一度成为论坛的代名词。

很多知名的行业爆料，都是先通过论坛引爆，然后在社交媒体上深度发酵，吸引人们关注和讨论。

虽然随着微博、微信等新型社交平台的出现，论坛的用户关注量有所下降，但是像百度贴吧、机锋论坛、汽车之家这样的垂直类论坛，仍然有着非常庞大的精准用户人群，所以对于企业来说仍然不容忽视。

论坛属于交流平台，根据板块特点有选择性地发布相关内容，常规板块通常发布软文；很多论坛会专门设置广告板块，可直接发硬广。论坛在推广中的另外一个作用是辅助seo优化，在论坛文后、个人简介等位置留下网站外链，有助网站引流。

5. 视频直播体系

这一体系的内容，主要分为三类，分别为以优酷、爱奇艺、腾讯等为代表的传统视频平台，以快手、抖音为代表的短视频平台以及以斗鱼、虎牙、YY等为代表的直播平台。

由于这一渠道特有的属性，其对宣传的内容、传播的方式要求较高，企业需要付出的成本也将提高不少，因此，企业应根据自己的实际情况慎重选择。

> **一点通**
>
> 借助网络红人的带货能力，用软广将产品介绍给粉丝，通常能快速转化。这类推广的缺陷在于成本较高，瞬间爆发式的传播维持时间不长。

6. 自媒体平台体系

互联网的下半场，则是移动互联网的主场，所以自媒体平台成为很多企业运营人员关注的焦点。

目前，以百家号、头条号、一点号为代表的自媒体平台成为一种新趋势，企业可以采用投机的方式，将每天发布的微信内容同步到所有的自媒体平台。

如果在自媒体平台发布前对内容、标题等根据平台的属性进行优化，可以取得不错的效果。比如一篇在微信中只有几千、几百阅读的文章，在某一自媒体平台就可以获得几十万、上百万的推荐，10万以上的阅读量。

第三节 产品推广的四大阶段

产品经理可把新品上市的推广分为4个阶段，即预热期、炒作期、上市期、销售期。在这四个不同的时期，可以采用不同的推广方式和方法。

一、预热期

在产品正式上市之前,产品经理要做的也是必须做的一个动作叫做预热。可以分为图7-6所示的8个步骤。

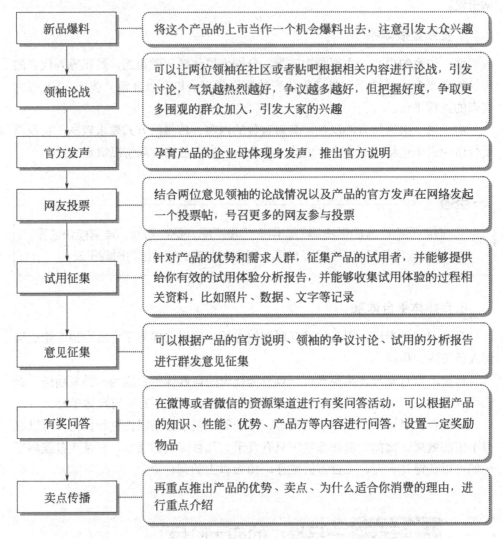

图7-6　预热期的推广步骤

经过以上一系列的步骤,相信在产品正式上市之初,市场上对于产品的认知已经初具雏形了。

二、炒作期

在经历了前期的预热推广后，还不适宜马上推出产品，应让大众对产品的期待热情再高涨一些的时候推出，如同小米的饥饿营销一样。这一阶段就叫"炒作期"。其推广步骤如图7-7所示。

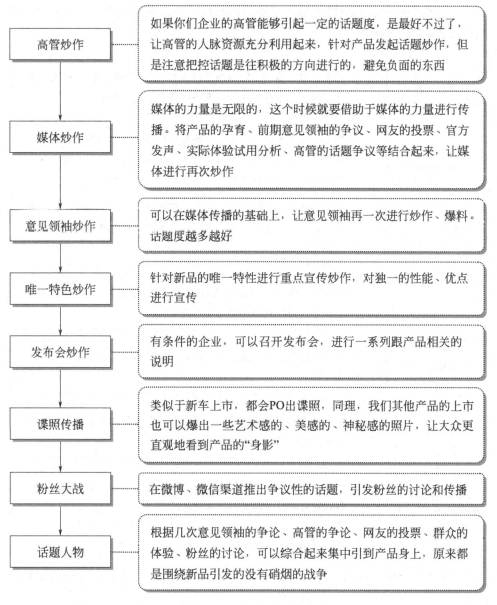

图7-7 炒作期的推广步骤

当前期的预热再加上第二阶段的再度炒热，基本上大众的期待值已经算到了巅峰时期，这时就可以推出产品了。

三、上市期

在市场争议度、话题度甚嚣尘上的时候推出产品，效果可想而知。此阶段的推广步骤如图7-8所示。

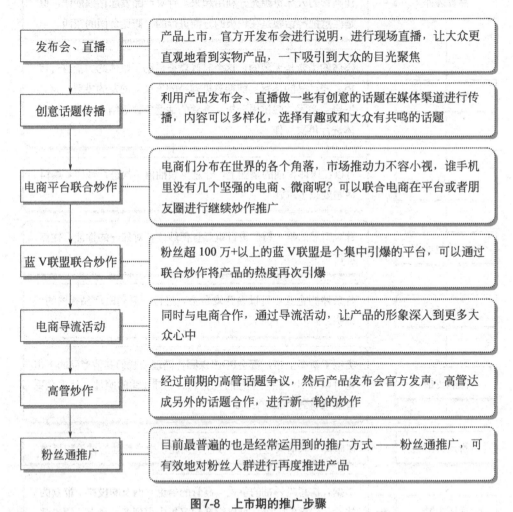

图7-8　上市期的推广步骤

完成以上7步，产品的发布过程才算完整，这时就可以开始下一步的销售推广了。

四、销售期

很明显，产品上市之后面临的就是销售的问题，你的运营有没有效果，往往就看产品后期的销售量来说话了。产品的销售期也可分成图7-9所示的8个步骤进行。

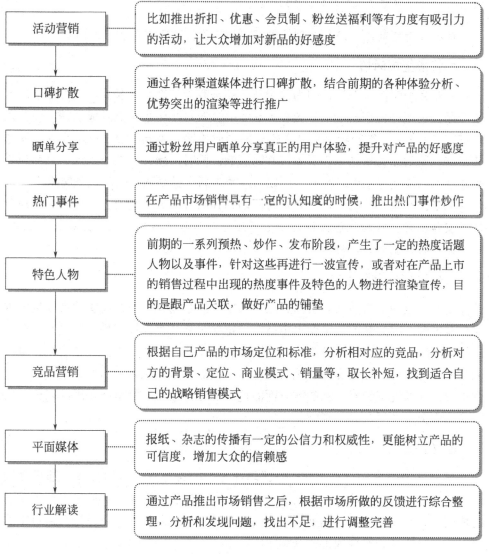

图7-9　销售期的推广步骤

第四节 产品推广的五大要点

一、做好上市前的准备工作

在产品上市前期，产品经理应做好以下工作，确保产品推广顺利。

1. 找准上市时机

新产品销售淡季不淡，因为每个新产品都有上市期、成长期、成熟期等。但新产品在铺市、促销拉动后，需要1～2年的强力推动才可能到成熟期，而在入市铺市之后1～2年间则一直处于推广期与成长期。因此，成熟产品会受到淡季的影响，而新品销量则不会受到淡季的影响。同时，新品在淡季切入，也为新产品旺季的热销奠定了市场基础。所以，淡季是新产品切入市场的最佳时机。

比如，在四月份把新产品的市场基础工作做好，五一期间，再对新产品进行促销宣传拉动，市场就能很快启动；再经过七八月份推广，九十月的旺季拉动，新产品市场就能全面启动。

2. 先试销再全面上市

新产品全面铺市前切忌贸然进入，再缜密的企划方案，再扎实的市场调研也难免有纰漏，因此新产品全面上市前，一定要对某一个目标市场进行试销，即打造样板市场。根据试销的情况，了解消费者的反映、评估产品的广告效果、推广人员的业务能力、经销商的意见与建议，产品的质量、包装、价格、渠道等各方意见等，并通过试销对产品的方方面面提出修订方案，了解可能出现的问题，为产品全面上市打下良好的基础。

3. 做好上市计划

根据试销情况制订出3个月的销售计划、广告计划、费用预算、铺货量预算、回款计划、促销计划、公共活动计划、市场拓展计划等，然后根据目标管理的原则，设定项目管理计划书，对每一计划的实施、监督、评估进行严格科学的管理，以保证每一计划项目的顺利完成。

为新产品上市实施计划、项目管理，可以有效地控制产品销售的盲目膨胀或散漫不经的做法。因此，新产品上市计划一定要规划周密、妥当，要多根据市场反映进行修订，直至计划与实际动作大体相符。

二、加大产品宣传力度

新产品推广是为了能最大效果地让客户知道我们的产品，这就需加大宣传力度，宣传我们的新产品特征，吸引新客户，让客户了解我们的产品。

1. 立体化强势宣传

新产品上市期的主要任务就是快速提高知名度、提升影响力，因此，立体化的强势宣传就显得无比的重要。具体措施如图7-10所示。

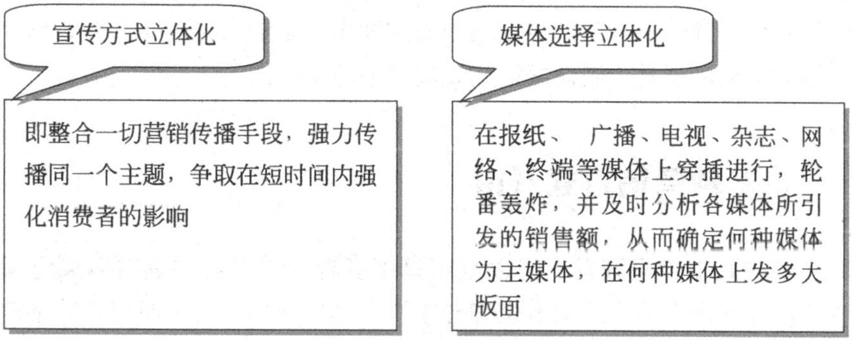

宣传方式立体化
即整合一切营销传播手段，强力传播同一个主题，争取在短时间内强化消费者的影响

媒体选择立体化
在报纸、广播、电视、杂志、网络、终端等媒体上穿插进行，轮番轰炸，并及时分析各媒体所引发的销售额，从而确定何种媒体为主媒体，在何种媒体上发多大版面

图7-10 立体化强势宣传的措施

通过立体化的强势宣传，不仅可以让消费者从多种层面上接触到广告，而且可在此基础上编制出一套很完整的年度广告计划。

2. 采用无差别广告策略

无差别广告策略是指产品独具说辞且极具个性的销售卖点。无差别广告策略，可以集中资金推广"一个说法"，该说法使产品能较快被消费者认知。

比如"雅客V9"推出的"每天两粒，补充人体所需9种维生素"概念；"海王银得菲"推出的"关键时刻，怎能感冒"等都是采用无差别广告策略而取得成效的。

当你为产品找到一个大创意，或者独具魅力的销售说辞时，就不应该轻易换掉。记住：强势品牌之所以成功，秘密就在于定力维护并全力宣扬"一个说法"一百年不动摇。

3. 制造"新闻效应"

新产品上市后，知名度、品牌忠诚度、消费者认知度都极低，为了使产品迅速成名，除了硬性的广告之外，还需要制造一些"新闻效应"。如某大酒店在人类首次登月成功后，马上推出"登月套餐"，餐饮佳肴均用登月术语，这样经新闻媒体报道后，引得消费者争相前往。这样的例子不胜枚举。

4. 营造热销氛围，配合铺市活动

新产品推广要求企业具备组织、策划、控制促销宣传活动的能力与水平，以最小的投入形成最大的促销宣传效果。

（1）在超市或学校地区做促销，需要我们大量的人力、物力投入，而公司的人力、物力有限。因此，企业除自行做一些促销宣传活动外，必须鼓动客户共同参与促销宣传活动。促销宣传与目标消费群体接触面越广越大，终端的"拉动"效果也就越好。

（2）做促销宣传活动时，尽量利用视觉冲击力强的媒体，如大型条幅、遮阳伞、帐篷等生动化工具，确保煽动起终端热销的氛围。

三、多种营销方式并进

新产品的初期市场开发，可以采用以下多种营销方式并进的多渠道营销方法，以"短促突击"的方式全方位铺开市场；之后选择一两个能出量的渠道精耕细作。

1. 直销方式

（1）网销。可在阿里巴巴开旺铺做新产品批发并加入阿里巴巴的一些新平台，如VIP采购、阿里巴巴出口通；也可在淘宝开店做新产品零售，或开通淘宝商城及在淘宝分销平台做供应商，让网店分销商帮你销售；也可建立自己的销售网站。

（2）电视购物。联系比较知名的电视购物平台，争取与之合作投放新产品的销售节目。不过，这个要求新产品有专利有卖点、成本低、售价高。

2. 批发方式

通过网上搜索、朋友介绍、广告投放、终端拜访、客户介绍的方式，找到可以开发和运营新产品市场的经销商，或直接找总代理，让他们帮忙把新产品的市场做起来。

3. 零售方式

（1）如果产品项目不多，就加入一些产品联销体或自己建立联销体，大家共

同建立与运营终端,也可以在当地找ROI高的格子铺寄售商品。

(2)如果产品项目多,完全可以考虑自建终端之后发展连锁加盟。比如,老北京布鞋就是采取连锁加盟的方式来推广自己的新品。

四、确保铺市的有效性

只有将产品摆到终端,消费者才有机会进行购买。不管是新产品,还是成熟产品,只有通过终端,让产品与消费者见面,通过消费者的购买才能形成销售,所以,铺市是新产品推广的重要工作之一。

1. 铺货渠道多样化、均匀化

铺货渠道多样化、均匀化,这样做将保证有购买冲动的消费者方便购买,如果广告打出之后,而与广告相应的铺货面偏窄,就会造成销售受阻、广告费浪费。

当然,铺货面也不是越广越好。产品铺货的宽窄通常是根据产品的档次、性质选择合适的零售店的。因此,铺货既要注重广度和适度,更要注重选点,使之分布均匀,方便消费者尽量可以就近购货。

> **一点通**
>
> 通常铺货需要3~6个月反复筛选,销售网络才能基本趋于稳定,从而对产品上市后争取较高的销售额产生至关重要的影响。

2. "铺市"与"拉动"结合

产品摆到终端后,只有形成首次购买,并得到消费者的认可,才会有消费者的二次购买,并形成持续的购买。否则,无论多么好的产品,消费者没有形成首次购买,产品也不会得到消费者的认可。如有些公司反映产品铺下去了,但没有消费者购买,就断言市场没有此类产品的需求,这是非常错误的。因此,如何拉动消费者达成首次购买,进而使消费者接受我们的产品,形成二次消费和重复购买,是我们新产品推广过程中"拉"要解决的问题。

按"铺市"与"拉动"的先后次序可分为以下三种操作方式。

(1)先推广,后拉动。首先进行铺市,目标市场铺货率达到60%以上时,开始做一些大型的促销活动或广告宣传活动,刺激拉动消费者购买产品。这种方式的优缺点如图7-11所示。

拉动效果能得到直接体现。由于有前期的铺货，经过促销宣传拉动后，消费者能在终端立即购买到此类产品，进而形成销售拉动

由于新产品知名度低，前期铺货难度很大，速度相对较慢。如果促销宣传活动不是很有效的话，容易造成部分产品积压

图7-11 先推广、后拉动的优缺点

（2）先拉动，后推广。这种方法是先做促销宣传活动，进而刺激消费者购买和经销商进货，其优缺点如图7-12所示。

由于有新产品的前期促销宣传造势，新品铺市较易

新产品经过促销宣传后，补货如果跟不上，消费者在终端可能购买不到产品，影响促销宣传的效果

图7-12 先拉动、后推广的优缺点

（3）推、拉同步进行。推、拉同步进行是指一边做促销宣传拉动，一边进行铺货，两者相结合，其优缺点如图7-13所示。

避免了前两种方法的缺点

在人力物力有限的情况下，整体推进速度较慢。建议鼓动客户的积极性，共同进行宣传、促销品尝等活动

图7-13 推、拉同步进行的优缺点

推广、拉动循环至少要进行三轮，因为每次促销宣传的拉动影响效果都是有限的，如果经过数次拉动、数次铺市、数次补货后，才能有效地巩固消费者的记忆，形成稳定的消费群体和稳定的销量。无论采用哪种方法，都要充分结合市场实际情况进行操作。但只推不拉或只拉不推都不会产生最好的效果。

3.找准渠道，系统推进

（1）铺货首先要找准渠道，并制订渠道的开发次序。先开发哪个渠道，接着开发哪个渠道，最后开发哪个渠道等，都要做到有的放矢。

比如，某产品的主销渠道是商超渠道、学校渠道和批市渠道。公司在开发时，根据市场实际情况对渠道进行分类开发，如可先开发学校、商超渠道，当在这些渠道形成稳定销售并产生一定影响时，再对批市渠道进行开发。

在铺市操作中，要系统推进，做到有目标、有进度、有控制。如对批市进行铺市时，可组织铺货队伍，分区分片按计划对区域批发市场进行分步开发。

（2）新产品铺货时要充分调动渠道中各个成员的积极性。提高业务员、经销商、铺货员（促销员）、终端商、消费者的积极性，共同参与到新产品推广中，形成"五级联动"，进而拉动新产品推广氛围。

比如，针对业务员、经销商专项考核；对铺货员（促销员）提成；对终端商、消费者进行促销宣传。

这样做不仅加快铺市速度，而且也容易形成新品销售氛围，使"推""拉"形成良性互动。

五、完善市场运作机制

只有成功的团队，才能有伟大的成功。任何一件工作，都需要每个人去全力配合、协作、支持才能顺畅完成。

1.统筹安排，分类推广

多个新产品推广是衡量一个企业综合协调能力与开拓创新能力的标尺。如果企业只重点推广一个产品，而把其他的产品放到以后再推，这样不但影响了新产品的推广进度，也影响了市场的正常健康发展，给竞争对手留下可乘之机。其实，只要做好人员分工、渠道定位、创新思路运作市场，做好统筹安排就能解决各新品之间的冲突。具体措施如图7-14所示。

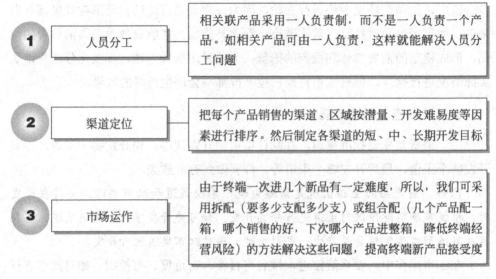

图7-14 统筹安排的措施

2.建立示范市场,复制推广新产品成功营销模式

企业可扶持示范客户建立示范市场,这样做不但树立其他客户推广新品的信心,而且能有效地宣传新产品。另外,充分挖掘新品推广过程中的成功经验或例子,组织客户、业务员进行学习,复制并推广成功模式和经验,这样,不仅可以降低新品上市的风险,还可以加快新品上市的步伐。

3.建立一套别具特色的服务体系

任何新产品上市都难免会有这样那样的问题,导致消费者的种种投诉,如包装问题、质量问题、价格问题等,因此,建立一套行之有效的服务体系,是新产品上市中不可缺少的一环。售后服务包括图7-15所示的两个方面内容。

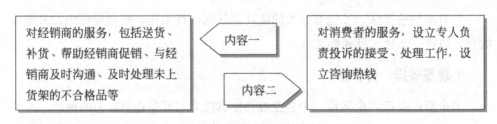

图7-15 售后服务的内容

目前,市场上对保健品、化妆品的投诉较多,这类企业一定要设立专人探访制度,以实际行动安慰、理解消费者,并根据投诉,改进、提高产品品质。

> 售后服务是产品上市及公关活动中的重要组成部分,通过良好的售后服务,对建立品牌忠诚、树立企业形象起着非常重要的作用。

4.提高新产品上市的执行力

新产品定型上市后,首先要快,即在竞争对手推出同类新品前,尽快造势,做出形象,做出销量,做成该类产品的第一品牌,远远甩开竞争对手。其次,如果竞争对手已推出此类产品,要与竞争对手拼速度,充分利用现有的销售网络,尽快把产品铺到终端,同时配合铺市做一些广告推广活动,提前占领消费者的心智,全面超越竞争对手。

因此,执行力不但是按要求做工作,更是自觉自愿地、积极主动地做工作,把新产品推广当作自己的事业来做,只有这样,才能提高新产品推广成功的概率,也才能从众多的同行企业中脱颖而出。

参考文献

[1] 琳达·哥乔斯（美）. 产品经理的第二本书[M]. 北京：机械工业出版社，2012.

[2] 琳达·哥乔斯（美）. 产品经理手册. 4版. 祝亚雄，冯华丽，金骆彬，译[M]. 北京：机械工业出版社，2015.

[3] 苏杰. 人人都是产品经理：纪念版[M]. 北京：电子工业出版社，2014.

[4] 苏杰. 人人都是产品经理2.0：写给泛产品经理[M]. 北京：电子工业出版社，2017.

[5] 乔克·布苏蒂尔（英）. 产品经理方法论. 张新，译[M]. 北京：中信出版社，2016.

[6] 刘飞. 从点子到产品：产品经理的价值观与方法论[M]. 北京：电子工业出版社，2017.

[7] 萧七公子. 从零开始做产品经理[M]. 北京：中国华侨出版社，2016.

[8] 徐建极. 产品经理的20堂必修课[M]. 北京：人民邮电出版社，2013.

[9] 王欣，夏济. 产品经理实战手册[M]. 北京：中国经济出版社，2006.

[10] 第八公社. 产品前线：48位一线互联网产品经理的智慧与实战[M]. 北京：机械工业出版社，2015.

[11] 唐杰. 杰出产品经理[M]. 北京：机械工业出版社，2016.

[12] 张弛. 做最好的产品经理[M]. 北京：中国商业出版社，2016.

[13] 王坚. 结网@改变世界的互联网产品经理：修订版[M]. 北京：人民邮电出版社，2013.

[14] 唐韧. 产品经理必懂的技术那点事儿[M]. 北京：电子工业出版社，2017.

[15] 林江发，宛楠. 产品经理那些事儿[M]. 北京：人民邮电出版社，2014.

[16] 朱少军. 卓越产品经理工作实战手册[M]. 北京：人民邮电出版社，2018.